Wenn Sie Gäste erwarten, nimmt Selbstgebackenes Ihnen die Arbeit ab, dem Besuch bis zur Haustür entgegenzugehen, der Duft empfängt ihn bereits auf der Treppe. Dazu die strahlenden Augen: *»Das riecht ja herrlich, so viel Mühe hast du dir gemacht.«*

aus: „Einladung zu Selbstgebackenem", 1970

KAKAO
PULVER
Goldeck
Weizenin
Bester Speisepuder von Weizen
250 g
EVP 0,68 M

Torten, Kuchen & Gebäck

Unsere besten REZEPTE der 1970er

BuchVerlag für die Frau

Wenn nicht anders angegeben, sind alle Rezepte für 1 Backblech bzw. 1 Tortenform (Ø 26 cm) berechnet.

Angaben zu zeitgemäßen Backtemperaturen sowie Zutaten der 1970er Jahre und nützliche Tipps finden Sie auf den Seiten 124 und 125.

ISBN 978-3-89798-377-9

Umschlaggestaltung, Innenlayout und dtp-Satz: LEcreativ, Leipzig
Redaktion: Ute Scheffler
Reprografische Arbeiten: grafotex GmbH, Leipzig
Fotos: Archiv des Verlages (Margot Börner, Roger Melis, Werner Reinhold, Heinz Schütze, Brigitte Weibrecht)
Leider war es trotz umfangreicher Bemühungen nicht möglich, alle Fotos und Motive den jeweiligen Urhebern zuzuordnen. Der Verlag bittet, sich zu melden, um entsprechende Informationen in Nachauflagen berücksichtigen zu können.

Druck und buchbinderische Verarbeitung: Salzland Druck, Staßfurt
Printed in Germany

www.buchverlag-fuer-die-frau.de

Inhalt

Ohne Kuchen und Gebäck … hätt' das Leben keinen Zweck

Zwar ist nicht bekannt, ob dieser sinnige Werbespruch eines sächsischen Handwerksbetriebes bereits in den 1970er Jahren bekannt war, *gelebt* haben die ehemaligen DDR-Bürgerinnen und Bürger ihn auf jeden Fall, und das nicht nur im Mutterland aller Kaffeetanten. Was vielleicht auch daran lag, dass es ab Mitte der siebziger Jahre zwischen Rostock und Suhl zunehmend schwerer wurde, einen Bäcker mit ofenfrischem Kuchen zu finden. Die Backkombinate erfüllten natürlich ihre Pläne und belieferten die Kaufhallen wie die Konsumläden – nur war auch damals schon Massenproduktion eben Massenproduktion: die Backwaren harrten mehr oder weniger luftdicht verpackt auf ihre Käufer.

Da wundert es nicht, dass eines der beliebten und heiß begehrten Rezepthefte des Verlages für die Frau nicht nur im Titel eine „Einladung zu Selbstgebackenem" ausspricht, sondern gleich auf Seite 2 deutlich macht, dass man *»natürlich nichts gegen den fertig zu kaufenden Kuchen sagen will, der ausgezeichnet schmecken kann. Aber Hand aufs Herz bzw. Magen: Ein Stück Hefekuchen, warm aus dem Ofen, finden Sie selten beim Bäcker.«* Oder anders ausgedrückt: Backt eure Kuchen lieber gleich selbst. Denn egal ob selbst gebackener Streuselkuchen oder Kekse, Napfkuchen oder aufwändig verzierte Torten – es macht einen *Riesenspaß*, verspricht die Redaktion. Aber nicht nur das. Die Rezepte jener Zeit sind überhaupt nicht altbacken, sondern einfach nur lecker. Probieren Sie es aus!

GRUNDREZEPTE

Wer will gute Kuchen backen ...

TAFELMARGARINE
marina
WEIZEN
AUSZUG
MEHL
1060g
1,40M

Hefeteig 1

500 g Mehl ❖ 30 g Hefe ❖ knapp ¼ l Milch
100 g Zucker ❖ 80 g Margarine ❖ Salz
1 Pck. Vanillinzucker oder abgeriebene Zitronenschale
oder Bittermandelaroma

Das Mehl in eine Schüssel sieben, eine Mulde in die Mitte drücken. Hefe zerbröseln und in diese Mulde geben, vorsichtig mit 1 bis 2 Esslöffeln Wasser und einer Prise Zucker verrühren. Etwas Mehl vom Rand darübergeben und abgedeckt an einem warmen Ort ca. eine halbe Stunde gehen lassen. Wenn die Hefe aufgegangen ist, die übrigen Zutaten auf den Rand geben und locker unterrühren. Abgedeckt eine weitere Stunde gehen lassen. Dann zu einem glatten Teig rühren und mit dem Knethaken (besser noch mit der Hand) den Teig kräftig durchkneten, bis er eine einheitliche Masse ist. Wiederum abgedeckt etwa 60 Minuten gehen lassen. Danach sollte sich der Teig in etwa verdoppelt haben. Den Teig zusammenstoßen und nochmals kurz kneten. Weiterverarbeiten wie in den Rezepten angegeben.

Hefeteig 2

500 g Mehl ❖ 150 g Zucker
200 g Margarine ❖ Salz
1 Pck. Vanillinzucker oder abgeriebene Zitronenschale
oder Bittermandelaroma
30 g Hefe ❖ reichlich ⅛ l Milch ❖ 1 Ei

Das Mehl in eine Schüssel sieben, eine Vertiefung eindrücken und auf dem Mehlrand Zucker, Margarineflöckchen und Gewürz verteilen. Die zerbröckelte Hefe, 1 Teelöffel Zucker und die Hälfte der handwarmen Milch verrühren, in die Vertiefung gießen und von da aus mit etwa ein Drittel des Mehls verarbeiten, so dass ein kleiner fester Teig entsteht. Wenig Mehl darüberstäuben und die mit einem Tuch bedeckte Schüssel an einen warmen Platz stellen. Nach etwa 20 Minuten das aufgegangene Hefestück mit allen übrigen Zutaten verkneten. Nochmals 60 Minuten gehen lassen. Vor der Weiterverarbeitung nach Rezept den Teig zusammenstoßen und nochmals kurz durchkneten.

Backpulver-Rührteig 1

200 g Butter oder Margarine ❖ 200 g Zucker
1 Pck. Vanillinzucker ❖ 1 Prise Salz
abgeriebene Schale ½ Zitrone
4 Eier ❖ 500 g Mehl
1 Pck. Backpulver ❖ ⅛ l Milch

Die Butter oder Margarine zerkleinern, in einer angewärmten Schüssel schaumig rühren. Dann Zucker, Vanillinzucker, Salz und die abgeriebene Zitronenschale sowie die Eier nach und nach unter ständigem Rühren dazugeben. Das Mehl mit dem Backpulver mischen und sieben, löffelweise und abwechselnd mit der Milch in den Teig rühren. Der fertige Teig sollte schwerreißend vom Löffel fallen. Den Teig dann nach Rezeptvorschrift weiterverarbeiten.

Backpulver-Rührteig 2

275 g Butter oder Margarine ❖ 200 g Zucker
1 Prise Salz ❖ Bittermandelaroma
3 Eier ❖ 400 g Mehl ❖ 100 g Stärkemehl
1 Pck. Backpulver ❖ 8 EL Milch

Die Butter oder Margarine schaumig schlagen, mit dem Zucker, Salz und einigen Tropfen Bittermandelaroma verrühren. Nach und nach die Eier zufügen. So lange rühren, bis der Teig cremig ist und Blasen schlägt, dann allmählich das Mehl und Backpulver darübersieben. Alles weiterschlagen und nach und nach die Milch zugießen. Den Teig dann nach Rezeptvorschrift verarbeiten.

Backpulver-Knetteig

500 g Mehl ❖ 1 Pck. Backpulver
175 g Margarine ❖ 125 g Zucker ❖ 1 Prise Salz
1 TL abgeriebene Zitronenschale ❖ 2 Eier ❖ 3 EL Milch

Das Mehl mit dem Backpulver sieben und nach und nach mit den übrigen, möglichst kalten Zutaten verkneten. Den Teig mindestens 30 Minuten kühl gestellt rasten lassen und erst unmittelbar vor dem Backen verarbeiten.

Mürbeteig

250 g Mehl ❖ 1 Ei ❖ 125 g Margarine
65 g Zucker ❖ 1 Prise Salz ❖ 1 Pck. Vanillinzucker
½ TL abgeriebene Zitronenschale
oder 3 geriebene bittere Mandeln

Alle Zutaten schnell und gründlich kneten, den Teig 1 Stunde kalt stellen. Eine gefettete, mit Mehl bestäubte flache Tortenform mit dem nicht zu dünn ausgerollten Teig belegen, dabei einen etwa 1 cm hohen Rand andrücken. Mehrmals mit der Gabel in den Teig stechen und bei Mittelhitze goldgelb backen. Tortenböden nach diesem Rezept kann man 14 Tage kühl und trocken aufbewahren.

Biskuitteig 1

4 Eier ❖ 4 EL heißes Wasser
175 g Zucker ❖ 1 Prise Salz
75 g Mehl ❖ 75 g Speisestärke
1 Msp. Backpulver

Die Eier trennen, Eigelb, Wasser und Zucker in eine Schüssel geben und auf höchster Stufe mit dem Rührgerät weißschaumig schlagen. Das Mehl mit dem Salz, der Stärke und dem Backpulver mischen und nach und nach unter die Eigelbmasse heben. Zum Schluss die steif geschlagenen Eiweiß vorsichtig unterheben, dann wie im Rezept angegeben weiterverarbeiten.

Biskuitteig ist ein kleines Sensibelchen: Achten Sie darauf, dass alle Geräte und Schüsseln wirklich fettfrei sind. Legen Sie die Backform mit Backpapier aus, nicht fetten, vor allem nicht den Rand der Springform, der Teig geht sonst nicht auf.
Backen Sie den Teig sofort, nicht stehen lassen, er fällt sonst zusammen. Unbedingt den Ofen vorheizen, sonst bäckt der Teig zu lange und wird trocken.

Biskuitteig 2

6 Eier ❖ 1 Prise Salz ❖ 130 g Zucker
1 Pck. Vanillezucker ❖ 170 g Mehl

Eier trennen. Eiweiß mit Salz steif schlagen, dabei 2 Esslöffel Zucker einrieseln lassen. Eigelb mit restlichem Zucker und Vanillezucker zu einer weißschaumigen Masse aufschlagen. Eischnee auf die Schaummasse geben, Mehl darübersieben und alles mit einem Schneebesen vorsichtig unterheben. Teig sofort nach Rezeptanleitung weiterverarbeiten.

Biskuit ist fertig gebacken, wenn sich die Oberfläche trocken anfühlt und ein Fingerdruck keine dauerhafte Vertiefung hinterlässt. Vor dem Herausnehmen die Garprobe mit einem Holzstäbchen machen (bleibt kein Teig mehr hängen, ist der Biskuit gar).
Der Teig muss unbedingt auf einem Kuchengitter auskühlen, damit er von allen Seiten Luft bekommt und trocknen kann.

Blätterteig

650 g Mehl ❖ knapp 1/8 l Wasser
1 Prise Salz ❖ 250 g Butter

Das Mehl auf ein Brett sieben, in die Mitte eine Vertiefung eindrücken, Wasser und Salz hineingeben und alles zu einem zähen, glatten, nicht klebrigen Teig verarbeiten. Wenn sich der Teig vom Brett und von den Händen löst, einen Ball formen, kreuzweise einschneiden und 30 Minuten sehr kalt stellen. Die Butter zu einem 1 cm dicken Rechteck formen und ebenfalls kalt stellen. Dann den kalten Teig zu einem Rechteck in doppelter Größe des Butterstückes ausrollen, das Butterstück auf die eine Hälfte des Teiges legen, die andere darüberklappen und die Ränder fest zusammendrücken. Nun den Teig vorsichtig (rollen, nur wenig aufdrücken!) zu einem länglichen Streifen ausrollen, von den Schmalseiten her zur Mitte hin zusammenlegen und nochmals zusammenklappen, so dass vier Schichten entstehen. Den Teig für 30 Minuten in den Kühlschrank stellen, dann das Ausrollen und Zusammenlegen noch weitere dreimal wiederholen, zwischendurch den Teig immer wieder für 20 bis 30 Minuten kalt stellen. Beim Ausrollen möglichst kein Mehl zugeben. Den fertigen Teig mindestens 4 Stunden kalt gestellt stehen lassen, ehe er weiterverwendet wird.

Wahrscheinlich stellen nur eingefleischte Back-Enthusiasten in unserer Zeit ihren Blätterteig noch selbst her. Praktischerweise gibt es ihn tiefgekühlt oder als Frischteig im Supermarkt. Wer in den 1970er Jahren Schweinsohren, Pastetchen oder Prasselkuchen wollte, hatte es nicht immer so gut. Die Zeit der Tiefkühlprodukte hatte, zumindest in der DDR, gerade erst begonnen. Dass man mehr als Gemüse einfrieren konnte, sprach sich nur langsam herum.
Falls Sie sich an die Blätterteig-Herstellung wagen, sollten Sie Folgendes beachten: Alle Zutaten müssen sehr kalt sein. Bevor es in den heißen Ofen geht, wird nochmals gekühlt. Blätterteiggebäck wird nicht auf ein gefettetes, sondern auf ein mit kaltem Wasser abgespültes Blech gelegt. Beim Backen soll die Ofenhitze mindestens 200 °C betragen. Während der ersten 10 Minuten Backzeit die Tür des Ofens nicht öffnen, sonst geht der Teig nicht auf, also blättert auch nichts - was schade wäre.

Brandteig

3/8 l Wasser ❖ 1 Prise Salz
100 g Margarine ❖ 200 g Mehl ❖ 4 – 5 Eier

Das Wasser mit dem Salz und der Margarine aufkochen, das gesiebte Mehl auf einmal zuschütten und auf kleiner Flamme so lange rühren, bis sich die Masse vom Topfboden löst und einen glatten Kloß bildet. Die Zutaten für Brandteig müssen heiß miteinander verrührt werden. Den Topf noch kurze Zeit auf dem Herd lassen und weiterrühren, der Mehlteig soll „anbrennen", das heißt, der Kloß löst sich vom Topfboden und hinterlässt einen weißen Belag. Jetzt erst den Teig in eine Schüssel geben und, nach leichter Abkühlung, zunächst 1 Ei sehr flott unterschlagen. Erst wenn es vom Teig vollkommen aufgenommen wurde, die übrigen Eier nacheinander unterrühren. So lange rühren, bis der Teig glänzt und sich in langen Spitzen vom Rührlöffel reißen lässt. Die Masse muss glatt und geschmeidig sein, bevor sie nach Rezeptvorschrift weiterverarbeitet wird.
Falls die Zugabe von Backpulver nötig ist, wird es in den abgekühlten Teig gerührt, damit es nicht seine Triebkraft verliert.

Sandmasse 1

300 g Margarine ❖ 300 g Speisestärke ❖ 300 g Zucker
5 Eier ❖ Salz ❖ Zitronenaroma oder 1 Pck. Vanillinzucker
oder 1 Fl. Rumaroma oder einige Tropfen Bittermandelaroma

Unter die schaumig geschlagene Margarine nach und nach die Stärke rühren. Zucker, Eier, eine Prise Salz und Backaroma in einer zweiten Schüssel sehr schaumig schlagen und allmählich zum Teig geben. Nach Vorschrift weiterverarbeiten.

Unter das Stärkemehl kann ein knapper Teelöffel Backpulver gemischt werden, dadurch wird das Gebäck lockerer. *Dieser Teig ist ideal für Torten und Kuchen.*

Sandmasse 2

150 g Margarine ❖ 150 g Zucker
1 Ei ❖ 1 Eigelb ❖ 1 Pck. Vanillinzucker
Salz ❖ 50 g Mehl ❖ 150 g Speisestärke

Margarine, Zucker, Ei, Eigelb und Vanillinzucker mit einer Prise Salz so lange rühren, bis die Masse weißschaumig ist, erst dann Mehl und Speisestärke darüber sieben und locker unterarbeiten. Der Teig muss spritzfähig sein. Dann nach Rezept weiterverarbeiten.

Diese Variante eignet sich besonders für Kleingebäck.

BLECHKUCHEN VON APFEL BIS ZWIEBACK

Alle rauf auf's Blech!

Obstkuchen mit Streuseln

¾ des Hefeteiges nach Grundrezept 1

Für den Belag:

1 ½ kg Pflaumen oder anderes Steinobst

75 g Zucker

Für die Streusel:

125 g Butter oder Margarine ❖ 200 g Mehl

100 g Zucker ❖ je 1 Prise Salz und Zimt

Hefeteig nach Grundrezept 1 (Seite 10) bereiten. Während des Gehens die längs halbierten, aber nicht durchgeschnittenen Pflaumen entkernen und jede der zusammenhängenden Pflaumenhälften nochmals längs einschneiden. Den fertigen Hefeteig auf dem gefetteten Blech verteilen, einen Rand hochziehen und die Pflaumen schuppenförmig darauflegen. Etwas Zucker darüberstreuen. Butter bzw. Margarine zerlassen, abkühlen lassen. Mehl, Zucker, eine Prise Salz und Zimt mischen, die abgekühlte, aber noch flüssige Butter zugeben, kurz mit dem Knethaken verrühren und dann von Hand als Streusel auf die Pflaumen krümeln. Den Kuchen bei Mittelhitze etwa 35 Minuten backen. Mit Zucker und Zimt bestreuen.

Rhabarberkuchen

¾ des Hefeteiges nach Grundrezept 1

Für den Belag:

1 kg Rhabarber ❖ 250 g Zucker ❖ 1 Pck. Vanillepuddingpulver

½ Tasse saure Sahne ❖ 50 g feine Margarine

3 Eier ❖ Butter zum Bestreichen

Den in Stücke geschnittenen Rhabarber in eine Schüssel geben, mit dem Zucker bestreuen und zugedeckt stehen lassen, bis sich reichlich Saft gebildet hat. Inzwischen den Hefeteig bereiten und gehen lassen. Den Rhabarbersaft nötigenfalls mit Wasser auf 3/8 Liter auffüllen, zum Kochen bringen und das in der sauren Sahne angerührte Puddingpulver unter Rühren zugeben, bis kurz vor dem Aufkochen auf dem Herd lassen. Margarine und Eier unter den heißen Pudding rühren. Den Hefeteig ausrollen, das Blech damit belegen, einen Rand hochziehen, die Puddingmasse auf dem Teig verteilen und die abgetropften Rhabarberstücke auflegen. Den Kuchen bei Mittelhitze etwa 40 Minuten backen. Sofort mit heißer Butter beträufeln.

Aprikosenkuchen

3/4 des Hefeteiges nach Grundrezept 2

Für den Belag:

50 g feine Margarine ❖ 50 g Zucker

1 Pck. Vanillinzucker ❖ 1 Prise Salz ❖ 2 Eier ❖ 2 Gläser Aprikosen

1 Pck. Mandelpuddingpulver ❖ 4 EL süße Sahne ❖ Butter zum Bestreichen

Den Teig (siehe Seite 10) auf ein gefettetes Blech geben, einen Rand hochziehen. Die Margarine mit dem Zucker, den Gewürzen und den Eiern schaumig schlagen. Aprikosen abtropfen lassen. Aus einem halben Liter des abgelaufenen Aprikosensaftes und dem in Sahne angerührten Puddingpulver einen Pudding kochen. Nach dem Abkühlen löffelweise unter die Eiermasse schlagen und auf dem Teig breit streichen. Die Aprikosen darauflegen und den Kuchen bei Mittelhitze backen. Nach etwa 35 Minuten Backzeit den Kuchen mit Butter bestreichen und noch 5 Minuten backen.

Mohnblech mit Quark

Hefeteig nach Grundrezept 2

Für die Quarkmasse:

500 g Quark ❖ 40 g Butter ❖ 100 g Zucker
2 Eier ❖ 3 EL Stärkemehl ❖ etwas Milch
Salz ❖ 2 EL gewiegte Mandeln

Für die Mohnmasse:

¼ l Milch ❖ 65 g Butter ❖ 65 g Zucker ❖ Salz
35 g Grieß ❖ 250 g gemahlener Mohn ❖ ¼ TL Zimt
1 Ei ❖ 2 EL Sultaninen ❖ 4 cl Rum

Für den Belag:

100 g Kirschkonfitüre ❖ 50 g gewiegte Mandeln
1 EL Butter ❖ Puderzucker

Hefeteig nach Grundrezept 2 (Seite 10) bereiten. Inzwischen für die Quarkmasse die Butter zerlassen und mit dem Zucker und den Eiern unter den Quark rühren. Stärkemehl (wer möchte, kann auch eine halbe Packung Vanillepudding-Pulver verwenden), Milch, eine Prise Salz und die Mandeln zugeben. Alles gut verrühren.

Für die Mohnmasse die Milch mit der Butter, Zucker und einer Prise Salz aufkochen, Grieß einrieseln und kurz aufkochen lassen. Sofort den gemahlenen Mohn und Zimt einrühren, dann ausquellen lassen. Unter die abgekühlte Masse das Ei und die in Rum eingelegten Sultaninen einrühren.

Den gut aufgegangenen Hefeteig zusammenrollen, kurz durchkneten und ein gut gefettetes (oder mit Backpapier belegtes) Blech damit auslegen und einen Rand andrücken. Abwechselnd die Mohn- und Quarkmasse sowie die Kirschkonfitüre löffelweise auf dem Teig verteilen, alles mit den gehackten gerösteten Mandeln bestreuen und den Kuchen bei Mittelhitze 45 bis 50 Minuten backen. Noch heiß buttern und zuckern.

Apfelkuchen

150 g Mehl ❖ 100 g Kartoffelmehl
½ TL Backpulver ❖ 100 g Zucker ❖ 2 Eigelb
Bittermandelaroma ❖ 100 g Margarine
1 EL Semmelbrösel ❖ 500 g Äpfel ❖ 100 g Sultaninen

Das mit Kartoffelmehl und Backpulver vermischte Mehl auf ein Kuchenbrett sieben, eine Vertiefung eindrücken, Zucker, Eigelb und einige Tropfen Bittelmandelaroma zugeben und mit etwa der Hälfte des Mehls vermischen. Dann die kalte, in kleinere Stücke zerteilte Margarine daraufsetzen, alles zu einem geschmeidigen Teig verarbeiten und diesen etwa 60 Minuten kalt stellen. Ein gefettetes kleines Kuchenblech mit dem Teig auslegen (mehrmals mit der Gabel einstechen), die Semmelbrösel darüberstreuen, die in Scheiben geschnittenen geschälten Äpfel gleichmäßig auflegen und diese mit den überbrühten Sultaninen bestreuen. Den Kuchen bei guter Mittelhitze 35 bis 40 Minuten backen. Nach Belieben mit Zucker und Zimt bestreuen.

Schneller Bienenstich

Hefeteig nach Grundrezept 2
Für den Belag:
150 g Butter oder Margarine ❖ 150 g Zucker
80 g Honig ❖ 200 g Mandeln
Bittermandelaroma ❖ 3 Eier ❖ 4 EL Milch ❖ Salz

Während der Hefeteig geht, Margarine, Zucker und Honig aufwallen lassen, vom Herd nehmen, die grob gehackten Mandeln und einige Tropfen Bittermandelaroma unterrühren. Eier, Milch und eine Prise Salz unter die abgekühlte Masse rühren. Den Hefeteig ausrollen, auf ein gefettetes Blech legen, einen Rand hochziehen und die Bienenstichmasse auf dem Teig verteilen. Bei Mittelhitze etwa 25 bis 30 Minuten backen.

Sahnekuchen

500 g Mehl ❖ 250 g Butter
knapp ¼ l Wasser ❖ Salz
1 EL Kaffeesahne
Für den Belag:
40 g Mehl ❖ ¼ l süße Sahne
⅛ l Milch ❖ 3 Eier ❖ 50 g Zucker

Das Mehl auf ein Brett sieben, die Butter in kleine Stücke zerteilen. Nun mit beiden Händen beides reiben (nicht kneten!), bis Butter und Mehl gleichmäßig vermischt sind. Eine Prise Salz sowie nach und nach Wasser und Sahne zugeben und alles zu einem glatten, ziemlich festen Teig verarbeiten. Diesen in ein feuchtes Tuch eingewickelt 30 Minuten ruhen lassen. Danach den Teig auf einem bemehlten Brett ausrollen, dreifach zusammenlegen und einige Stunden (am besten über Nacht) kalt stellen. Dann den Teig auswalken, ein gut gefettetes Blech damit belegen. Alle Zutaten für den Belag schnell verrühren und auf dem Teig verteilen. Den Kuchen im vorgeheizten Ofen bei starker Hitze 30 bis 40 Minuten backen.

Blitzkuchen

125 g Butter ❖ 2 Eier
125 g Zucker ❖ 125 g Mehl
50 g gemahlene Mandeln oder Nüsse
1 Prise Zimt

Butter, Eier und 100 g Zucker schaumig rühren, das gesiebte Mehl zugeben und zu einem cremigen Teig verrühren. Den Teig messerrückendick auf ein gefettetes Backblech streichen. Den restlichen Zucker mit den gemahlenen Mandeln oder Nüssen und dem Zimt vermischen, über den Teig streuen. Den Kuchen bei Mittelhitze rasch goldgelb backen und sofort in viereckige Stücke schneiden.

Apfel-Nuss-Kuchen

400 g Äpfel ❖ 1 EL Zitronensaft
2 EL zerbröselte Kekse ❖ 100 g Walnüsse
150 g Mehl ❖ 1 TL Backpulver ❖ 1 TL Natron ❖ 1 TL Zimt
110 g Butter ❖ 1 Ei ❖ 200 g Zucker ❖ 1 Prise Salz
Puderzucker zum Bestäuben

Äpfel schälen und mit einer Raspel fein reiben. Sofort mit Zitronensaft vermischen. Kekse zerbröseln, Walnüsse klein hacken. Mehl, Backpulver, Natron und Zimt in einer Schüssel gut vermischen, Butter schmelzen.

In einer weiteren Schüssel Ei, Zucker, Salz und die geschmolzene, etwas abgekühlte Butter schaumig rühren. Geriebene Äpfel, zerbröselte Kekse und gehackte Walnüsse untermischen. Die Mehlmischung zügig unterheben.

Den Teig auf ein mit Backpapier ausgelegtes (oder eingefettetes) Backblech streichen und bei ca. 180 °C im vorgeheizten Ofen etwa 45 Minuten backen. Den fertigen Kuchen mit Puderzucker bestäuben.

Johannisbeerkuchen

4 Eier ❖ 150 g Zucker ❖ 1 Pck. Vanillinzucker
125 g Mehl ❖ 1 Msp. Backpulver ❖ Salz

Für den Belag:

je 300 g schwarze und rote Johannisbeeren
1 EL gemahlene Mandeln ❖ Puderzucker

Eier trennen und Eigelb mit der Hälfte des Zuckers schaumig rühren. Die Eiweiß sehr steif schlagen, dabei den restlichen Zucker und den Vanillinzucker einrieseln lassen. Eischnee auf den Eigelbschaum geben und vorsichtig unterziehen, nicht rühren. Mehl mit Backpulver und einer Prise Salz mischen, auf den Teig sieben und ebenfalls unterheben. Den Teig auf ein gefettetes (bzw. mit Backpapier belegtes) Blech streichen. Beeren waschen, gut abtropfen lassen und von den Rispen streifen. Die Beeren entweder mischen oder „farblich sortiert" abwechselnd auf den Teig geben. Leicht andrücken, mit den gemahlenen Mandeln bestreuen. Bei Mittelhitze etwa 20 Minuten backen, etwas abkühlen lassen und mit Puderzucker dick bestreuen.

Zwiebelkuchen

150 g Mehl ❖ 100 g Margarine ❖ 1 Ei ❖ 1 Prise Salz

Für den Belag:

500 g Zwiebeln ❖ 30 g Margarine
150 g geriebener Käse ❖ 1/8 l Milch
Muskat ❖ Salz ❖ Pfeffer ❖ 3 Eigelb

Aus Mehl, Margarine, Ei und Salz einen geschmeidigen, weichen Mürbeteig kneten. Eventuell etwas Wasser zufügen. Den Teig auf einem bemehlten Brett mit den Handflächen nach und nach in die Länge ziehen, bis er ganz flach ist. Wieder zusammendrücken und das Ganze dreimal wiederholen. Dann den Teig abgedeckt für etwa 1 Stunde in den Kühlschrank stellen.

Inzwischen die Zwiebeln klein würfeln, in der zerlassenen Margarine anschwitzen und dann zugedeckt bei kleiner Flamme etwa 10 Minuten unter öfterem Rühren dünsten. Den Boden einer Tortenform mit dem Teig dünn auslegen, am Rand leicht hochziehen. Die gedünsteten Zwiebeln darauf verteilen und den Käse darüberstreuen. Die Milch mit Muskat, Salz und Pfeffer würzen und mit den Eigelb verschlagen. Die Mischung über den Kuchen verteilen und diesen im vorgeheizten Ofen bei Mittelhitze etwa 40 bis 45 Minuten backen. Zwiebelkuchen schmeckt warm und kalt.

Speckkuchen

250 g Mehl ❖ 15 g Hefe
4 EL Milch ❖ 3 EL Sahne
50 g Margarine ❖ Salz ❖ 1/2 TL Paprika

Für den Belag:

200 g Speck ❖ 50 g Margarine
2 EL Kümmel ❖ 1/4 l saure Sahne
20 g Speisestärke ❖ 3 Eier ❖ Salz

Das Mehl in eine Schüssel sieben, die zerkrümelte Hefe in der lauwarmen Milch verrühren, mit Sahne, Margarine, Salz und Paprika zum Mehl geben und alle Zutaten zu einem geschmeidigen Teig verarbeiten. Diesen zu einer Kugel formen und mit Mehl bestäubt über Nacht zugedeckt und kühl (nicht kalt) lagern. Den Teig vor dem Backen nochmals gut durchkneten und ein gefettetes Blech damit auslegen. Den Speck in kleine Würfel schneiden, in der erhitzten Margarine glasig braten, über dem Teig verteilen, Kümmel darüberstreuen. Dann die mit Speisestärke, Eiern und Salz verquirlte Sahne über den Kuchen gießen und diesen bei Mittelhitze etwa 45 Minuten backen. Warm servieren.

»Blechkuchen müssen nicht zwangsläufig süß sein. Ob schneller Backpulverteig oder aufwändigerer Hefeteig – hat man den Bogen erst einmal raus, bieten sich schier unendliche Möglichkeiten: vom schnellen Hefeblechkuchen mit Obst bis zum verführerisch warmen Zwiebel- oder Speckkuchen.«

BACKPULVER- UND HEFETEIG

Rühre, rühre Kuchen...

RG 28s

Gefüllter Rührkuchen

200 g Margarine ❖ 150 g Zucker ❖ 1 Pck. Vanillinzucker ❖ 1 Prise Salz
3 Eier ❖ 300 g Weizenmehl ❖ 75 g Stärkemehl
¾ Pck. Backpulver ❖ 6 EL Milch

Für die Füllung:

250 g Mandeln ❖ Bittermandelaroma
250 g Puderzucker ❖ 2 EL Weinbrand ❖ 3 EL Konfitüre

Zuerst die Füllung herstellen. Dazu die abgezogenen, völlig trockenen Mandeln zweimal durch die Mandelmühle geben, mit Puderzucker vermengen und noch einmal in der Mühle mahlen. Dann Weinbrand und einige Tropfen Bittermandelaroma unterarbeiten, die Masse rechteckig ausrollen, mit Konfitüre bestreichen und zusammenrollen.
Nun die Margarine, den Zucker, Vanillinzucker und das Salz gründlich verrühren. Nach und nach die Eier zugeben und die Masse glatt rühren. Mehl, Stärkemehl und Backpulver darübersieben und während des Rührens allmählich die Milch zugießen. Der Teig muss zäh vom Löffel fallen. Die Hälfte des Teiges in eine gefettete, ausgebröselte Kastenform füllen, die Marzipanrolle auflegen und den übrigen Teig darüber verteilen. Den Kuchen bei Mittelhitze etwa 60 Minuten backen. Nach dem Erkalten stürzen und beliebig mit Glasur verzieren.

Wer Marzipan nicht selbst herstellen will – und wer macht das heute schon noch –, nimmt eine Packung Marzipanrohmasse aus dem Backregal und verarbeitet diese wie im Rezept beschrieben.

Zweifrucht-Rührkuchen

Backpulver-Rührteig nach Grundrezept 1
zusätzlich 1 EL Rum oder 1 Fl. Rumaroma
Für die Garnierung:
2 Eiweiß ❖ 50 g Puderzucker
50 g gemahlene Mandeln ❖ Bittermandelaroma
Himbeer- und Aprikosenmarmelade
2 EL gehackte Nüsse oder Mandelsplitter

Einen Rührteig nach Grundrezept 1 (siehe Seite 11) bereiten, in eine gefettete Kastenform füllen und etwa 70 Minuten bei Mittelhitze backen. Etwas abkühlen lassen, den Kuchen stürzen und für mindestens 12 Stunden kühl stellen. Dann erst die Eiweiß steif schlagen, allmählich den Puderzucker, die gemahlenen Mandeln und einige Tropfen Bittermandelaroma vorsichtig untermischen. Aus dieser Masse einen dicken Rand und ein Gitter auf den Kuchen spritzen, diesen im vorgeheizten Ofen bei starker Hitze kurz überbacken.
Den Kuchen herausnehmen, abkühlen lassen und dann der Länge nach in zwei bis drei Schichten schneiden. Die Kuchenscheiben abwechselnd mit Himbeer- und Aprikosenmarmelade bestreichen, wieder zusammensetzen und das obere Eiweißgitter mit erhitzter Marmelade verzieren. Die Seitenflächen des Kuchens ebenfalls mit Marmelade bestreichen und mit gehackten Nüssen und Mandelsplittern bestreuen.

Rosinenkuchen

Backpulver-Rührteig nach Grundrezept 1
275 g Rosinen ❖ 1 EL Mehl ❖ 60 g gemahlene Mandeln
Für die Schokoladenglasur:
100 g Blockschokolade ❖ 10 g Butter
150 g Puderzucker ❖ 5 EL Milch

Teig nach Grundrezept 1 (siehe Seite 11) bereiten. Die Rosinen überbrühen, abtrocknen, mit Mehl bestäuben und mit den gemahlenen Mandeln vorsichtig unter den fertigen Rührteig heben. In eine gefettete Form füllen und etwa 60 Minuten bei Mittelhitze backen. Für die Glasur die Schokolade zerkleinern, über einem Wasserbad schmelzen, die Butter zugeben. Ist die flüssige Schokolade ein wenig abgekühlt, den Puderzucker und nach und nach die nicht zu kalte Milch unterrühren. Den Kuchen abkühlen lassen, stürzen und mit der warmen Schokoladenglasur überziehen.

Kakaokuchen

4 Eier ❖ 300 g Zucker ❖ 150 g Butter
3 zerstoßene Nelken ❖ 1 Prise Muskat
1 Prise Salz ❖ 1 ½ TL Zimt
1 TL abgeriebene Zitronenschale
50 g Kakao ❖ 375 g Mehl
1 Pck. Backpulver ❖ ¼ l Milch

Die Eier trennen. Eigelb und Zucker schaumig rühren, die Butter zugeben und unter ständigem Rühren Gewürze und den Kakao einarbeiten. Dann das mit Backpulver gesiebte Mehl abwechselnd mit der Milch nach und nach unterrühren, zuletzt die steif geschlagenen Eiweiß unter den Teig heben. In einer gefetteten Form bei Mittelhitze etwa 60 Minuten backen. Nach Belieben mit Schokoladen- oder Zuckerglasur überziehen.

Schokoladenkuchen

3 Eier ❖ 150 g Backmargarine oder Butter
200 g Zucker ❖ 1 Pck. Vanillinzucker
1 Prise Salz ❖ Saft ½ Zitrone ❖ 500 g Mehl
3 TL Backpulver ❖ 1 kleine Tasse Milch
200 g Blockschokolade ❖ Zitronen- oder Schokoladenglasur

Die Eier trennen. Eigelb mit der zerlassenen Margarine, Zucker, Vanillinzucker, Salz und Zitronensaft schaumig rühren. Das mit dem Backpulver gesiebte Mehl abwechselnd mit der Milch nach und nach unterrühren, bis der Teig glatt ist. Dann die in kleine Stücke zerschnittene Schokolade und zuletzt die steif geschlagenen Eiweiß unterheben. In eine gefettete Form geben und den Kuchen bei milder Hitze etwa 70 Minuten backen. Mit Zitronen- oder Schokoladenglasur überziehen.

Mohnkuchen

150 g Mohn ❖ reichlich ⅛ l Milch ❖ 200 g Zucker
Salz ❖ 1 Pck. Vanillinzucker ❖ 1 Ei ❖ 1 EL Weinbrand
250 g Mehl ❖ ½ Pck. Backpulver
Für die Glasur:
150 g Puderzucker ❖ 75 g Kokosfett ❖ 2 EL Zitronensaft

Den gemahlenen Mohn mit der siedenden Milch brühen und vermischen, abkühlen lassen. Dann Zucker, Salz, Vanillinzucker, Ei und Weinbrand unterrühren, Mehl und Backpulver darübersieben und den Teig gründlich durcharbeiten. In einer gefetteten, mit Mehl ausgestäubten Aschkuchenform bei Mittelhitze 60 bis 70 Minuten backen. Inzwischen für die Glasur den Puderzucker sieben, das Kokosfett zerlassen und nach und nach so viel unter den Zucker rühren, dass eine dickflüssige Masse entsteht, zuletzt den Zitronensaft zugeben. Nach dem Erkalten den Kuchen mit der Zitronenglasur bestreichen.

Kaiserkuchen

225 g Honig ❖ 100 g Zucker
500 g Mehl ❖ 1 Pck. Backpulver
65 g süße Mandeln
½ TL abgeriebene Zitronenschale
3 EL Sultaninen ❖ 1 TL Zimt ❖ 3 zerstoßene Nelken
⅛ l Milch ❖ Schokoladenglasur

Honig und Zucker erwärmen, bis sich der Zucker aufgelöst hat. Die Masse abkühlen lassen. Das mit dem Backpulver gesiebte Mehl, die geriebenen Mandeln, Zitronenschale, die aufgequollenen, abgetrockneten Sultaninen und die Gewürze gut verrühren. Die Honiglösung abwechselnd mit der Milch unterrühren, sodass alles gut vermischt ist. Den Teig in eine gefettete Kuchenform geben und bei milder Hitze etwa 60 Minuten backen. Den ausgekühlten Kuchen mit Schokoladenglasur überziehen.

Marmorkuchen

5 Eier ❖ 200 g Margarine ❖ 250 g Zucker
500 g Mehl ❖ 1 Pck. Backpulver
¼ l Milch ❖ Bittermandelaroma
1 Pck. Vanillinzucker ❖ 100 g Schokolade
20 g Margarine zum Fetten der Form
1 EL geriebene Semmel

Eier trennen. Eigelb mit Margarine und Zucker schaumig rühren, das mit dem Backpulver gesiebte Mehl, Milch, einige Tropfen Bittermandelaroma und Vanillinzucker nach und nach zugeben, so lange rühren, bis ein cremiger Teig entsteht. Die Hälfte des Teiges mit der geriebenen Schokolade und 2 bis 3 Esslöffel Milch verrühren. Die Eiweiß steif schlagen, je eine Hälfte des Eischnees unter den dunklen bzw. hellen Teig heben. Eine Kastenform fetten, mit Semmelbröseln ausstreuen und abwechselnd hellen und dunklen Teig hineingeben. Bei mäßiger Hitze etwa 60 Minuten backen.

Nusskuchen

Backpulver-Rührteig nach Grundrezept 2
Für die Füllung:
125 g geriebene Nüsse ❖ 4 EL Dessertwein
75 g Rosinen ❖ Bittermandelaroma
Für die Rumglasur:
150 g Puderzucker ❖ 3 EL Rum

Rührteig nach Grundrezept 2 (siehe Seite 11) bereiten, in zwei Hälften teilen. Eine Hälfte mit den Zutaten für die Füllung mischen, in eine gefettete, mit Mehl bestäubte Kastenform füllen. Restlichen Teig darüber verteilen. Kuchen bei Mittelhitze 60 bis 70 Minuten backen. Etwas abkühlen lassen, stürzen. Für die Glasur den Puderzucker sieben, mit dem Rum anrühren und auf dem abgekühlten Kuchen verteilen.

Schwarz-Weiß-Kuchen

250 g Butter ❖ 200 g Zucker
4 Eier ❖ 5 EL Rum oder Weinbrand
300 g Mehl ❖ 100 g Stärkemehl
3 gestrichene TL Backpulver ❖ 2 EL Kakao

Für die Buttercreme:

250 g Butter ❖ 200 g Puderzucker
3 Eigelb ❖ 1 Pck. Vanillinzucker

Für die Glasur:

4 EL Marmelade
Schokoladenglasur (z. B. die von Seite 32)
Nüsse oder Mandeln

Die Butter schaumig schlagen, nach und nach Zucker, Eier, 4 Esslöffel Rum und das mit dem Backpulver gesiebte Mehl unterrühren. Die Hälfte des Teiges in eine gefettete, breite Kastenform füllen. Den restlichen Teig mit dem Kakao und Rum verrühren und in eine andere, gleich große Kastenform füllen. Beide Kuchen bei Mittelhitze im vorgeheizten Ofen 50 bis 60 Minuten backen. Völlig erkalten lassen, erst dann die Kuchen aus den Formen nehmen. Beide oben glatt schneiden sowie der Länge nach halbieren.

Während die Kuchen backen, die Buttercreme bereiten. Hierfür die zimmerwarme, weiche Butter schaumig schlagen, nach und nach Puderzucker, Eigelb und Vanillinzucker zufügen und so lange rühren, bis die Masse cremig ist.

Die Kuchenplatten mit dieser Buttercreme bestreichen, übereinander setzen und den Kuchen mit heißer, unverdünnter Marmelade bestreichen. Dann mit Schokoladenglasur überziehen und nach Belieben mit Nüssen oder Mandeln verzieren.

Schokoladenkuchen mit Nüssen

Backpulver-Rührteig nach Grundrezept 1
2 cl Rum oder Weinbrand ❖ 150 g gemahlene Nüsse
100 g bittere Schokolade ❖ Puderzucker oder Rumglasur

Einen Rührteig nach Grundrezept 1 (siehe Seite 11) bereiten, dabei Rum oder Weinbrand unterrühren, die Nüsse sowie die in kleine Stückchen zerbröckelte Schokolade zum Schluss unter den Teig heben. Den Teig in eine gefettete Kranz- oder Napfkuchenform füllen und 60 bis 70 Minuten bei Mittelhitze backen. Den Kuchen etwas abkühlen lassen, aus der Form nehmen und dick mit Puderzucker besieben oder mit Rumglasur (siehe Seite 35) überziehen.

Gespickter Schokoladenkuchen

150 g Backmargarine ❖ 175 g Zucker ❖ 4 Eier ❖ 100 g geriebene Schokolade
150 g Mehl ❖ 2 gestrichene TL Backpulver ❖ 1 Pck. Schokoladenpuddingpulver
1/8 l Milch ❖ 100 g gemahlene Nüsse ❖ Schokoladenglasur ❖ Mandelstifte

Margarine schaumig schlagen, nach und nach Zucker, Eier und geriebene Schokolade hineinrühren. Das Mehl mit dem Backpulver sieben, das Puddingpulver mit der Milch anrühren. Abwechselnd Mehlgemisch und Puddingmilch in die Margarinemasse rühren, zuletzt die gemahlenen Nüsse untermischen. Den Teig in eine gefettete Kastenform füllen und bei Mittelhitze ca. 60 Minuten backen. Abkühlen lassen, Kuchen stürzen, mit Schokoladenglasur überziehen und mit Mandelstiften spicken.

Aschkuchen

500 g Mehl ❖ 30 g Hefe ❖ etwa 1/4 l Milch ❖ 200 g Margarine
150 g Zucker ❖ Salz ❖ 1 Pck. Vanillinzucker ❖ 3 Eier
150 g Rosinen ❖ 50 g gehackte Mandeln ❖ Bittermandelaroma
30 g Zitronat ❖ Butter ❖ Puderzucker

In das gesiebte Mehl eine Vertiefung drücken. Zerbröckelte Hefe in der Hälfte der lauwarmen Milch verrühren und von der Mitte her mit so viel Mehl verarbeiten, dass ein kleiner fester Teig entsteht. Wenig Mehl darüberstäuben und zugedeckt warm stellen. Inzwischen die Margarine schaumig schlagen, Zucker, eine Prise Salz, Vanillinzucker und die Eier unterrühren. Dann das gut aufgegangene Hefestück, das restliche Mehl und die Hälfte der Milch unterarbeiten. Den Teig gründlich schlagen und nochmals etwa 60 Minuten gehen lassen. Wieder verkneten und Rosinen, Mandeln, etwas Bittermandelaroma und Zitronat unter den Teig arbeiten. In eine gefettete Aschkuchenform geben, weitere 20 Minuten gehen lassen. Danach im vorgeheizten Ofen bei Mittelhitze ca. 60 Minuten backen. Den abgekühlten Kuchen stürzen, mit zerlassener Butter bestreichen und dick mit Puderzucker besieben.

Hefekranz

doppelte Menge des Hefeteigs nach Grundrezept 2
175 g Margarine ❖ 350 g Zucker
50 g gemahlene Mandeln ❖ Bittermandelaroma
350 g Sultaninen ❖ Butter ❖ Puderzucker zum Bestäuben

Einen Hefeteig nach dem Grundrezept 2 (siehe Seite 10) mit der doppelten Menge der Zutaten bereiten. Den gut gegangenen Hefeteig zu einer rechteckigen, knapp 1 cm dicken Platte ausrollen. In der erhitzten Margarine den Zucker verrühren, vom Herd ziehen, gemahlene Mandeln, einige Tropfen Bittermandelaroma und Sultaninen untermengen. Den Teig mit dieser Masse bestreichen, von der Breitseite her aufrollen und kranzförmig auf ein gefettetes Blech legen.
Bei Mittelhitze mindestens 60 Minuten backen. Noch heiß mit Butter bestreichen und mit Puderzucker besieben, dies zwei- bis dreimal wiederholen.

Mohnrolle

Hefeteig nach Grundrezept 2

Für die Mohnfülle:

500 g gemahlener Mohn

50 g Grieß ❖ 200 g Zucker

½ TL Zimt ❖ ¼ TL Salz

50 g Nüsse ❖ ⅜ l Milch

Butter zum Bestreichen ❖ Zucker

Während der Hefeteig (nach Grundrezept 2, Seite 10) zum Gehen warm gestellt wird, die Mohnfülle herstellen. Dazu den Mohn mit Grieß, Zucker, den Gewürzen und grob gehackten Nüssen vermengen, mit der kochenden Milch brühen und verrühren. Wenn die Masse zu trocken ist, noch etwas Milch oder verquirltes Ei zusetzen. Den gut gegangenen Hefeteig etwa 40 cm breit und reichlich so lang wie das Backblech ausrollen. Die Mohnfülle darauf verteilen, den Teig seitlich einschlagen, zusammenrollen und so auf das Blech legen, dass die übereinandergeschlagenen Teigränder nach unten kommen. Die Mohnrolle bei Mittelhitze etwa 60 Minuten backen. Mit Butter bepinseln und mit Zucker bestreuen.

Nussstrudel

Hefeteig nach Grundrezept 1

Für die Füllung:

300 g gemahlene Nüsse ❖ 60 g Zucker ❖ ½ TL Zimt

2 EL geriebene Schokolade ❖ 1 Ei ❖ etwas Milch ❖ 50 g Butter

Für die Glasur:

75 g Puderzucker ❖ 1 – 2 TL Zitronensaft

Einen Hefeteig nach Grundrezept 1 (siehe Seite 10) bereiten. Während der Hefeteig geht, für die Nussfüllung die gemahlenen Nüsse mit Zucker, Zimt und Schokolade vermischen. Das Ei trennen. Eigelb verquirlen und mit so viel heißer Milch zur Nussmasse geben, dass ein fester Brei entsteht. Eiweiß steif schlagen und unterheben. Hefeteig rechteckig ausrollen, mit zerlassener Butter bestreichen, die Füllung darauf verteilen und zusammenrollen. Mit dem Teigrand nach unten auf ein gefettetes Blech legen und bei Mittelhitze ca. 60 Minuten backen. Mit Zitronenglasur überziehen.

Kirschrolle

Hefeteig nach Grundrezept 1
etwas Butter ❖ etwa 50 g Grieß
Für die Füllung:
1 Glas Sauerkirschen ❖ 2 Eier
1 Pck. Puddingpulver ❖ 1 EL Weinbrand
50 g gehackte Mandeln ❖ Zucker ❖ 1 Eigelb
Zuckerglasur (siehe Seite 40)

Einen Hefeteig nach Grundrezept 1 (siehe Seite 10) bereiten. Den gut aufgegangenen Teig rechteckig ausrollen, mit zerlassener Butter bestreichen und mit Grieß bestreuen. Die entsteinten, abgetropften Kirschen, verschlagene Eier, Puddingpulver, Weinbrand und gehackte Mandeln vermengen. Wenig Zucker zufügen, damit die Masse nicht zu flüssig wird. Den Teig mit der Kirschfülle belegen, aufrollen und auf ein gut gefettetes Backblech legen. Mit verquirltem Eigelb bestreichen und die Kirschrolle bei Mittelhitze in 50 bis 60 Minuten goldgelb backen. Mit Zuckerglasur überziehen.

Nussschnecken

¾ des Hefeteiges nach Grundrezept 2
125 g gemahlene Nüsse ❖ 8 EL Milch
Für die Glasur:
150 g Puderzucker ❖ 4 EL heiße Milch

Unter den fertigen Hefeteig (Grundrezept 2, siehe Seite 10) die geriebenen Nüsse und die lauwarme Milch kneten. Aus dem Teig gleichmäßige, etwa 15 cm lange Röllchen formen und schneckenartig aufrollen, auf ein gefettetes Backblech legen. Kurz gehen lassen und bei Mittelhitze goldbraun backen. Für die Glasur Puderzucker und Milch verrühren und die noch warmen Gebäckstücke damit bestreichen.

Kartoffelküchel

Hefeteig nach Grundrezept 1
200 g gekochte Kartoffeln vom Vortag
Bittermandelaroma
½ Glas Erdbeer- oder Sauerkirschmarmelade
1 Ei ❖ 3 EL Milch

Den Hefeteig nach Grundrezept 1 (siehe Seite 10) bereiten. Wenn er gut aufgegangen ist, die geriebenen Kartoffeln und einige Tropfen Bittermandelaroma unterkneten, nochmals gehen lassen. Dann den Teig zu einer rechteckigen, etwa 5 mm dicken Platte ausrollen. Auf die Hälfte der Teigplatte in Abständen von 5 cm etwa 10 cm lange Marmeladenstreifen verteilen, die andere Hälfte der Teigplatte darüberklappen. Den Marmeladenstreifen entsprechend Rechtecke ausschneiden. Die Ränder jedes Gebäckstückes mit einer Gabel festdrücken.
Teigstücke auf ein gefettetes (oder mit Backpapier belegtes) Blech setzen. Über der Marmelade den Teig jeweils kreuzweise einschneiden. Vorsichtig mit Eiermilch bestreichen und bei Mittelhitze goldbraun backen.

Weihnachtsstollen

500 g Mehl ❖ 25 g Hefe ❖ 80 g Zucker ❖ ½ l Milch
80 g Butter ❖ 1 TL Salz ❖ abgeriebene Schale ½ Zitrone
150 g Rosinen ❖ Butter zum Bestreichen ❖ 6 EL Puderzucker

Das Mehl in eine Schüssel sieben, in die Mitte eine Vertiefung drücken, die zerbröckelte Hefe mit 1 Teelöffel Zucker hineingeben, etwas lauwarme Milch darübergießen und mit ein wenig Mehl verrühren, sodass ein flüssiger Vorteig entsteht. Zugedeckt warm stellen und etwa 30 Minuten gehen lassen. Dann die restliche Milch, die erwärmte (nicht flüssige) Butter, den Zucker, das Salz, die abgeriebene Zitronenschale und die mit Mehl bestäubten Rosinen nach und nach zufügen. Teig kräftig durchkneten, bis er Blasen wirft und sich von der Schüssel löst. Den Teig zum Stollen formen, auf ein gefettetes Blech legen, noch etwa 30 Minuten warm gestellt gehen lassen. Dann bei Mittelhitze ungefähr 50 Minuten backen. Noch heiß mit zerlassener Butter bestreichen und dick mit Puderzucker bestreuen. Am besten schmeckt der Stollen, wenn er vor dem Anschneiden längere Zeit gut verpackt lagert.

Kreisrunde Versuchung

Pudding-Pulver
Mandel-Geschmack
Pudding-Pulver
für einen Schokoladen-Pudding
mit gehackten Mandeln
20% Kakaopulver
Komb. für Milchwirtschaft eG Suhl
Leckermäulchen
Vanille-Quarkcreme Dessert
30%Fett i.T. 200g±8g 1,-M

Biskuittorte

¼ l Schlagsahne ❖ 1 EL Puderzucker
400 g Erdbeeren
2 Pck. Tortenguss ❖ ¼ l Erdbeersaft
2 Pck. Löffelbiskuits
½ Tasse sehr starker Kaffee
(3 TL Kaffee auf ½ Tasse Wasser)

Die Schlagsahne mit dem Puderzucker steif schlagen, mit zwei Drittel der halbierten Erdbeeren vermischen. Den Tortenguss im erwärmten Erdbeersaft auflösen, kurz vor dem Erstarren unter die Erdbeersahne ziehen. Die Biskuits mit dem Kaffee anfeuchten, tortenbodenförmig auf einer Platte anrichten und die Erdbeercreme darüberstreichen. Die Torte kühl stellen. Vor dem Servieren mit den restlichen Erdbeeren garnieren.

Zitronentorte

je 125 g Butter und Backmargarine ❖ ½ Zitrone ❖ 3 Eier
250 g Zucker ❖ 250 g Mehl ❖ ½ Pck. Backpulver
Für den Guss:
3 EL Puderzucker ❖ Saft von 2 ½ Zitronen

Die Butter und Margarine schmelzen, mit dem Saft von einer halben Zitrone, den Eiern und dem Zucker schaumig rühren, nach und nach das mit dem Backpulver gesiebte Mehl sowie die abgeriebene Schale einer halben Zitrone unterrühren (verwenden Sie nur ungespritzte Zitronen, die Sie unter heißem Wasser gründlich abgebürstet haben). Alles zu einem glatten Teig rühren, in eine gut gefettete Springform füllen und bei Mittelhitze etwa 60 Minuten backen. Inzwischen den Puderzucker mit dem Saft von 2 ½ Zitronen verrühren. In die abgebackene, noch heiße Torte mit einem Holzstäbchen tiefe Löcher einstechen und den Zitronenguss hineingießen. Mit dem restlichen Guss die Oberfläche der Torte bestreichen.

Apfelsinentorte

3 Apfelsinen ❖ 6 Eier
250 g Zucker ❖ 125 g Speisestärke
Für die Glasur:
150 g Puderzucker ❖ 2 EL Kakao

Apfelsinen heiß abwaschen, bürsten und abtrocknen. Die Schale abreiben und den Saft auspressen. Die Eier trennen. Zucker, Eigelb und abgeriebene Apfelsinenschale schaumig rühren. In einer zweiten Schüssel die Eiweiß steif schlagen. Speisestärke und Eischnee abwechselnd (löffelweise) in die Eigelbmasse rühren, zuletzt vorsichtig den Apfelsinensaft zugeben. Den Teig in eine gefettete Form füllen und bei Mittelhitze etwa 45 Minuten backen.
Für die Glasur Puderzucker und Kakao miteinander sieben und mit wenig heißem Wasser anrühren. Die Glasur auf der abgekühlten Torte verteilen, nach Belieben mit Apfelsinenspalten garnieren.

Warum auch immer Orangen in der DDR Apfelsinen hießen, sei dahingestellt. Zu haben war die meisten Monate des Jahres weder das Eine noch das Andere. Nur die Weihnachtszeit und Berlin machten da eine Ausnahme. Manchmal bildeten die begehrten Früchte auch eine Allianz und traten geschlossen als „Südfrüchte" auf. So landeten Orangen, Zitronen, Pampelmusen (Grapefruit) und ab und an sogar Bananen und Ananas sozusagen in einer Kiste.
Dass die Apfelsinentorte ganz ohne Früchte daherkommt, liegt möglicherweise auch daran, dass man die öfter über den Ladentischen auftauchenden *Cuba-Orangen* eigentlich nur in Saftform konsumieren konnte.

Heute sollten Sie Bio-Orangen bzw. Bio-Zitronen verwenden, wenn Sie fürs Rezept abgeriebene Schale benötigen. Waschen Sie auch diese Früchte gründlich unter heißem Wasser (am besten bürsten).

Erdbeertorte

Mürbeteig nach Grundrezept

Für den Belag:

65 g Stärkemehl ❖ ½ l Milch
125 g Zucker ❖ ½ Pck. Vanillinzucker
500 g Erdbeeren
1 Pck. Tortenguss ❖ ¼ l verdünnter Fruchtsaft
50 g Marmelade ❖ 60 g Nüsse

Einen Mürbeteig nach dem Grundrezept (siehe Seite 13) zubereiten. Während er ruht, das Stärkemehl mit 5 Esslöffel Milch anrühren, die restliche Milch mit Zucker und Vanillinzucker zum Kochen bringen, mit dem Stärkemehl binden. Die Creme heiß auf den erkalteten Tortenboden bis etwa 1 ½ cm unter den Rand füllen, erkalten lassen, dann die gewaschenen Erdbeeren darauf verteilen. Den Tortenguss nach Packungsanleitung, aber mit Fruchtsaft statt Wasser zubereiten. Torte kalt stellen. Vor dem Anschneiden Tortenrand dünn mit Marmelade bestreichen und mit gerösteten, gehackten Nüssen bestreuen. Nach Belieben mit Sahnetupfen verzieren.

Türmchentorte

325 g Butter ❖ 325 g Zucker ❖ 400 g Mehl
200 g Speisestärke ❖ 1 Pck. Backpulver
5 Eier ❖ 1 TL abgeriebene Zitronenschale
3 EL Rum oder Weinbrand ❖ ca. ⅛ l Milch

Für die Füllung:

½ l Milch ❖ 2 EL Zucker ❖ 1 Prise Salz
1 Pck. Puddingpulver (Vanille)
100 g Butter ❖ 125 g Erdbeerkonfitüre

Zum Garnieren:

geraspelte Schokolade ❖ Konfekt ❖ Früchte

Die Butter sahnig rühren. Nach und nach Zucker, das mit Speisestärke und Backpulver gesiebte Mehl, die Eier, Zitronenschale, Rum und so viel Milch unterrühren, dass der Teig schwer reißend vom Löffel fällt. Den Teig in zwei gut gefettete, ungleich große Springformen füllen und bei Mittelhitze ca. 60 Minuten backen (die kleinere Form etwa 50 Minuten). Die fertigen Tortenböden für mindestens 10 Stunden kalt stellen.

Für die Füllung aus den angegebenen Zutaten einen Pudding kochen. Bevor dieser kalt wird, Butter und Erdbeerkonfitüre einrühren und so lange weiterrühren, bis eine dicke Creme entsteht. Abkühlen lassen. Jeden Tortenboden zweimal quer durchschneiden, die Böden dünn mit der Füllung bestreichen und so zusammensetzen, dass die kleineren Böden die Turmspitze ergeben. Die Torte mit der restlichen Cremefüllung bestreichen und nach Belieben verzieren. Geraspelte Schokolade, Konfekt und Fruchtstücke eignen sich besonders dafür.

Zwieback-Quark-Torte

18 Scheiben Zwieback
1 EL Zucker ❖ 1 TL Zimt
75 g Butter ❖ 2 EL Gelatine
4 Eier ❖ 150 g Zucker
500 g Quark
1 TL Zitronensaft
½ TL abgeriebene Zitronenschale

Den Zwieback reiben, mit Zucker, Zimt und der flüssigen, abgekühlten Butter vermischen. ¾ des Teiges in eine Tortenform geben und etwa 5 Minuten bei Mittelhitze backen. Inzwischen die Eigelb mit 150 g Zucker und ⅛ Liter heißem Wasser vermischen und etwa 3 Minuten über Wasserdampf schlagen, bis sich die Gelatine völlig aufgelöst hat. Die Masse etwas abkühlen lassen. Nun den Quark durch ein Sieb drücken, mit der Gelatinemischung, dem Zitronensaft und der abgeriebenen Zitronenschale vermischen, zuletzt vorsichtig die steif geschlagenen Eiweiß unterheben. Alles über den Zwieback-Tortenboden füllen und das restliche Viertel der Teigmischung darüberkrümeln. Die Torte vor dem Aufschneiden mindestens 8 Stunden kühl stellen, damit sie fest wird und sich gut schneiden lässt.

Quarktorte

Mürbeteig nach Grundrezept
1 Ei ❖ ½ Pck. Backpulver

Für die Quarkmasse:

750 g Quark ❖ 300 g Zucker ❖ 5 Eier
2 Zitronen ❖ ¾ l Milch
2 Pck. Puddingpulver (Vanillegeschmack) ❖ ½ Tasse Öl

Den Mürbeteig nach Grundrezept (siehe Seite 13), aber mit Ei und Backpulver bereiten. Während der Teig ruht, Quark, Zucker und Eier gut verrühren, den Saft beider Zitronen und die abgeriebene Schale einer Zitrone zugeben. Milch und Puddingpulver gut verquirlen, das Öl zugeben und so lange rühren, bis es sich gut mit der Puddingmilch verbunden hat. Flüssigkeit zur Quarkmasse geben und unterrühren.
Mürbeteig ausrollen und in eine mit Backpapier ausgelegte Springform legen, dabei einen hohen Rand andrücken. Die dünnflüssige Quarkmasse auf den Teigboden gießen. Quarktorte bei guter Mittelhitze etwa 60 Minuten backen, bis er goldgelb ist.

Zweierlei Torte

Für Teig 1:

5 Eier ❖ 170 g Puderzucker
50 g Schokolade ❖ 200 g Mehl
½ Pck. Backpulver

Für Teig 2:

4 Eiweiß ❖ 120 g Puderzucker
1 Pck. Vanillinzucker ❖ 120 g Kokosraspeln
30 g Mehl ❖ ¼ Pck. Backpulver

Für die Füllung:

100 g Butter ❖ 50 g Puderzucker
4 EL Marmelade

Für die Glasur:

200 g Puderzucker ❖ ½ Eiweiß
2 EL Zitronensaft ❖ 40 g Schokolade

Die Eier trennen. Für den ersten Teig die Eigelb, 150 g Puderzucker und 5 Esslöffel heißes Wasser mit dem Schneebesen oder dem Rührgerät 10 bis 15 Minuten schlagen. Die geschmolzene Schokolade zufügen und alles gut verrühren. Das mit dem Backpulver gesiebte Mehl zufügen. Die Eiweiß mit dem restlichen Puderzucker zu steifem Schnee schlagen und vorsichtig mit dem Teig vermischen. Eine Tortenform fetten, mit Mehl bestäuben, den Teig einfüllen und im vorgeheizten Ofen bei mäßiger Hitze hellgelb backen.
Für den zweiten Teig die Eiweiß zu steifem Schnee schlagen, Puderzucker und Vanillinzucker zufügen und noch einmal schlagen. Anschließend die Kokosraspeln und das mit dem Backpulver gesiebte Mehl zugeben und vermengen. Eine Tortenform (von gleicher Größe wie für die erste Torte) fetten, mit Mehl bestäuben und den Teig einfüllen. Im vorgeheizten Ofen langsam bei mäßiger Hitze backen.
Beide Torten auskühlen lassen, dann jede einmal quer durchschneiden. Je eine Hälfte der ersten und der zweiten Torte dünn mit der Füllung bestreichen und übereinanderlegen. Das Gleiche mit den restlichen Tortenhälften wiederholen. Die Oberfläche und die Seiten mit Glasur überziehen und mit geraspelter Schokolade verzieren.

Vanillecremetorte

120 g Puderzucker ❖ 60 g Backmargarine
2 Eier ❖ 1/4 TL Speisenatron
380 g Mehl ❖ 1/4 l Milch

Für die Füllung:

1/2 l Milch ❖ 1 Pck. Vanillinzucker
50 g Speisestärke
200 g Butter ❖ 150 g Puderzucker

Den Puderzucker, die Margarine und die Eier schaumig rühren. Die Schüssel auf einen Topf mit kochendem Wasser stellen und noch einmal die Masse gründlich verrühren. Nach und nach das mit dem Natron vermischte Mehl sowie die Milch unterrühren. Den Teig in eine gefettete, mit Mehl bestäubte Tortenform füllen und bei mäßiger Hitze etwa 50 bis 60 Minuten backen. Inzwischen die Creme bereiten. Hierfür Milch mit Vanillinzucker aufkochen, die Speisestärke einrühren und zu einem dicken Brei verkochen. In die noch warme Masse Butter und Puderzucker einrühren und alles cremig aufschlagen. Die ausgekühlte Torte in drei Scheiben schneiden, zwei dick mit der Vanillecreme bestreichen und wieder zusammensetzen. Nach Belieben garnieren.

Um dieser Torte noch mehr Geschmack zu geben, sollten Sie zur Milch für die Creme eine Vanilleschote und das ausgekratzte Vanillemark geben. Bevor Sie die Creme aufschlagen die Schote entfernen. Statt Vanillinzucker können Sie auch Bourbon-Vanille-Zucker verwenden.

Schwarzwälder Kirschtorte

Biskuitboden nach Grundrezept 2
2 gehäufte EL Kakao
Für die Füllung:
500 g Sahne ❖ 50 g Zucker
3 Blatt Gelatine ❖ 400 g Sauerkirschen
¼ l Kirschsaft ❖ 4 EL Speisestärke
6 cl Kirschwasser
Schokoraspel ❖ Cocktailkischen

Den Biskuitboden nach Grundrezept 2 (siehe Seite 14), jedoch zusätzlich mit Kakao zubereiten. Fertigen Teig in eine mit Backpapier ausgelegte Springform streichen und im vorgeheizten Ofen ca. 30 Minuten bei 180 bis 200 °C backen. Damit der Boden gleichmäßig hoch wird, zum Auskühlen auf den Kopf stellen. Der Boden lässt sich besser verarbeiten, wenn er am Vortag gebacken wird.

Den Boden in 3 gleiche Teile schneiden. Die gut gekühlte Sahne mit dem Zucker steif schlagen. Falls die Torte nicht innerhalb eines Tages gegessen wird, sollten Sie nach Packungsanleitung zubereitete Gelatine (oder Sahnesteif) zur Sahne hinzugeben. Den Kirschsaft aufkochen und die in etwas Kirschsaft aufgelöste Speisestärke einrühren, aufkochen lassen. Vom Herd nehmen, Sauerkirschen einrühren und abkühlen lassen. Ein Drittel des Kirschwassers einrühren und gleichmäßig auf dem unteren Boden verteilen. Eine Schicht Sahne auf die Kirschen streichen, den zweiten Boden darauflegen, leicht andrücken. Boden mit Kirschwasser beträufeln (nicht sparen) und mit einer weiteren Schicht Sahne bestreichen. Danach den dritten

Boden auflegen, ebenfalls mit Kirschwasser beträufeln. Die restliche Sahne in einen Spritzbeutel füllen und auf dem obersten Boden und am Rand gleichmäßig verteilen. Dick mit Schokoraspeln bestreuen. Mit dem Spritzbeutel Tupfen aufspritzen und mit Cocktailkirschen verzieren. Torte vor dem Servieren gut kühlen.

Besonders intensiv schmeckt die Torte, wenn Sie etwas Kirschwasser in die Sahne geben und die Sauerkirschen über Nacht in etwas Kirschwasser einlegen. Falls Kinder mitessen, sollten Sie einen Teil nicht mit Kirschwasser beträufeln und diesen Teil vorher auf der Tortenplatte kennzeichnen.

Krümeltorte

500 g Mehl ❖ 1 Pck. Backpulver ❖ Salz
180 g Margarine ❖ 180 g Zucker
1 Pck. Vanillinzucker ❖ 2 Eier ❖ 3 EL Milch
1 Glas konservierte Früchte
Butter zum Bestreichen ❖ Zucker

Aus Mehl, Backpulver, einer Prise Salz, Margarine, Zucker, Vanillinzucker, den Eiern und der Milch rasch einen Teig kneten und etwas mehr als die Hälfte davon in eine gefettete Springform krümeln. Die gut abgetropften Früchte darauf verteilen und den übrigen Teig darüber verkrümeln. Bei Mittelhitze etwa 45 Minuten backen. Die Torte sofort mit zerlassener Butter bestreichen und mit Zucker bestreuen. Anstelle von Obst kann diese schnell zubereitete Torte auch mit beliebiger Marmelade gefüllt werden.

Schichttorte

10 Eier ❖ 200 g Puderzucker ❖ 160 g Mehl
20 g Kakao ❖ 100 g gemahlene Mandeln

Für die Füllung:

250 g Butter ❖ 150 g Puderzucker
2 Pck. Vanillinzucker
3 EL Rum ❖ 50 g gemahlene Mandeln

Die Eier trennen, Eiweiß zu sehr steifem Schnee schlagen. Puderzucker und die Eigelb unterrühren. Dann das Mehl unterheben. Den Teig in drei Teile teilen. Unter ein Drittel den gesiebten Kakao mischen, unter das zweite die gemahlenen Mandeln rühren. Die drei Böden nacheinander in einer gefetteten, mit Mehl ausgestäubten Tortenform bei guter Hitze etwa 20 Minuten backen.
Inzwischen für die Creme die Butter mit Puderzucker und Vanillinzucker schaumig rühren, unter ständigem Weiterrühren den Rum und die gemahlenen Mandeln untermischen. So lange rühren, bis die Masse cremig ist. Die erkalteten Tortenböden mit Creme bestreichen und übereinander setzen. Die Oberfläche und die Seiten der Schichttorte ebenfalls mit der Füllmasse bestreichen und nach Belieben garnieren.

Schokoladentorte

10 Eiweiß ❖ 280 g Puderzucker
140 g gemahlene Mandeln ❖ 30 g Semmelmehl

Für die Füllung:

50 g Schokolade ❖ 2 EL Milch ❖ 5 Eigelb
30 g Puderzucker ❖ 100 g Butter

Die Eiweiß zu steifem Schnee schlagen, Puderzucker, gemahlene Mandeln und das Semmelmehl leicht unterheben. Bei starker Hitze backen.

Für die Creme die Schokolade raspeln und mit etwas Milch (oder Sahne) schmelzen. Eigelb und Puderzucker verrühren, zur Schokolade geben und unter ständigem Rühren aufkochen lassen. Vom Herd ziehen und so lange weiterrühren, bis die Masse abgekühlt ist. Die weiche Butter unterarbeiten. Schokoladenmasse so lange schlagen, bis sie eine cremige Konsistenz hat. Die ausgekühlte Torte quer durchschneiden und mit der Schokoladencreme füllen und bestreichen, nach Belieben garnieren.

Sahnetorte

4 Eier ❖ 1 Pck. Vanillinzucker
120 g Puderzucker ❖ 80 g Mehl
8 – 10 EL Erdbeermarmelade
¼ l Schlagsahne
Erdbeeren zum Garnieren
oder konserviertes Obst

1 Ei und 3 Eigelb mit Vanillinzucker und Puderzucker etwa 3 Minuten verrühren. Aus den 3 Eiweiß steifen Schnee schlagen und abwechselnd mit dem Mehl unter die Masse ziehen. Den Teig in zwei gefettete und mit Mehl bestäubte gleichgroße Formen füllen. Bei Mittelhitze hellgelb backen. Die Schlagsahne steif schlagen. Die ausgekühlten Tortenböden mit Marmelade (passend zum Obst, das verwendet wird), den unteren zusätzlich mit der Sahne bestreichen. Den oberen Boden in Portionsstücke schneiden und erst dann auf den unteren Boden setzen. Den unteren Boden erst kurz vor dem Servieren aufschneiden. Die Torte mit Erdbeeren oder anderem Obst garnieren.

Schokoladen-Ananas-Torte

150 g Butter ❖ 200 g Zucker
3 Eier ❖ 50 g Mehl ❖ 50 g Speisestärke
1 TL Backpulver ❖ 200 g gemahlene Haselnüsse
50 g Halbbitter-Schokolade
1 Msp. gemahlene Nelken

Für die Füllung:

1 kleine Dose Ananas ❖ ¼ l Schlagsahne
1 Pck. Vanillinzucker
Schokolade zum Garnieren

Butter, Zucker und Eier schaumig rühren. Mehl, Speisestärke und Backpulver mischen, nach und nach zugeben. Gemahlene Nüsse, geriebene Schokolade und Nelken unterrühren. Den Teig in eine mit Backpapier ausgelegte Springform füllen und im vorgeheizten Ofen bei Mittelhitze etwa 50 Minuten backen. Nach dem Backen den Boden aus der Form lösen, auf eine Platte stürzen und erkalten lassen. Den völlig ausgekühlten Tortenboden einmal quer durchschneiden. Die Ananas sehr gut abtropfen lassen und gegebenenfalls in Stücke schneiden. Die Sahne steif schlagen, dabei den Vanillinzucker einrieseln lassen. Die Ananas unterheben und mit der Hälfte der Masse die Torte füllen. Mit dem Rest die Oberfläche sowie den Rand bestreichen. Die Schokolade in Späne schaben und die Torte dick damit bestreuen. Bis zum Servieren kalt stellen.

Fügen Sie der Sahne beim Aufschlagen ein bis zwei Päckchen Sahnesteif zu oder rühren Sie ein Päckchen Gelatine-Fix mit ein, die Ananas-Sahne bekommt dadurch eine bessere Konsistenz.

Schnelle Obsttorte

Biskuitteig nach Grundrezept 2

Zum Belegen:

1 kleiner Becher Vanillepudding

frische oder gedünstete Früchte

Für den Guss:

1 Pck. Tortenguss ❖ 3/4 l gesüßter Fruchtsaft

Zum Garnieren:

3 EL Marmelade ❖ 3 EL Mandelstifte

Nach dem Grundrezept 2 (siehe Seite 14) einen Biskuitteig bereiten, diesen in eine mit Backpapier ausgelegte Springform füllen und bei Mittelhitze etwa 20 Minuten goldgelb backen. Nach dem Erkalten die Teigoberfläche glattschneiden und dünn mit Pudding bestreichen.

Die gemischten Früchte (Konservenfrüchte gut abtropfen lassen) darauf verteilen. Den Springformrand wieder um die Torte legen. Tortenguss nach Packungsanleitung mit Fruchtsaft bereiten und über die Früchte verteilen. Die Torte kalt stellen, vor dem Auftragen den Tortenrand mit Marmelade bestreichen und mit Mandelstiften bestreuen.

Eistorte mit Erdbeeren

750 g frische Erdbeeren
5 cl Kirschwasser
1 EL Puderzucker ❖ 6 Eiweiß
375 g Zucker ❖ 1 ½ EL Zitronensaft
¾ l Schlagsahne ❖ 1 Pck. Sahnesteif
3 Pck. Vanillinzucker

Erdbeeren waschen, putzen und 500 g in Viertel schneiden. Mit Kirschwasser und Puderzucker vermengen und mindestens 3 Stunden zugedeckt durchziehen lassen. Die restlichen Erdbeeren ganz lassen und für die Garnitur zur Seite stellen.

Mit dem Ring einer Springform auf Alufolie drei Kreise zeichnen und ausschneiden. Eiweiß, Zucker und Zitronensaft im warmen Wasserbad mit dem Handrührgerät auf höchster Stufe zu festem Schaum schlagen. Eischnee dritteln und auf die vorbereiteten Aluböden streichen. Alle drei Böden im vorgeheizten Ofen bei ca. 100 °C etwa 2 Stunden trocknen lassen. Alufolie von den ausgekühlten Böden ziehen. Einen Boden auf eine Tortenplatte legen, Springformrand (oder Tortenring) darum schließen. Einen halben Liter gut gekühlte Sahne steif schlagen, dabei Sahnesteif und 2 Päckchen Vanillinzucker einrieseln lassen. Die marinierten Erdbeeren pürieren und unter die Sahne ziehen.
Die Hälfte der Erdbeersahne auf den ersten Boden streichen, den zweiten Boden aufsetzen, leicht andrücken und die restliche Erdbeersahne auf dem Boden verteilen. Letzten Boden aufsetzen, etwas andrücken und die Torte für mindestens 5 Stunden ins Gefrierfach stellen. Eine halbe Stunde vor dem Servieren restliche Sahne mit Vanillinzucker steif schlagen, auf die Eistorte streichen und mit den Erdbeeren verzieren.

Weintorte

3 Eier ❖ 125 g Zucker
1 Pck. Vanillinzucker
etwa 5 cm Zimtstange
2 – 3 Nelken
20 g Gelatine ❖ 3/8 l Rotwein
1 Mürbeteigboden (FP)
3 EL grob gehackte und geröstete Nüsse

Eier trennen, Eigelb mit Zucker und Vanillinzucker schaumig rühren. 1/8 Liter Wasser mit der Zimtstange und den Nelken 5 Minuten kochen, vom Herd nehmen und die in etwas kaltem Wasser vorgeweichte Gelatine darin auflösen. Den Wein zugießen und die Gelatinemischung vor dem Erstarren allmählich unter die Eiermasse ziehen. Zuletzt die steif geschlagenen Eiweiß unterheben. Nun die Creme auf den Tortenboden streichen und mit den Nüssen bestreuen. Die Torte 1 bis 2 Stunden kalt stellen.

Knusper, knusper Blättchen …

BUTTERBROTPAPIER
IN PERGAMENTQUALITÄT
Zum hygienischen Frischhalten von Lebens- und Genußmitteln. Fettdicht und luftundurchlässig
Fläche: 5.4 m²
MERAFOL PROVIANT

Schweinsohren

Blätterteig nach Grundrezept (siehe Seite 15)
oder 1 Pck. Blätterteig (TK)
150 g (Hagel-)Zucker

Tiefkühl-Blätterteig antauen lassen, etwa 4 mm dick ausrollen, die Hälfte des Zuckers über den Teig streuen und mit einem Nudelholz kurz andrücken. Die Teigplatte in Stücke von etwa 20 x 30 cm teilen und jedes Stück von der Schmalseite her zur Mitte aufrollen. Die Rollen 30 Minuten in den Kühlschrank stellen. Dann mit einem scharfen Messer gleichmäßig dicke Scheiben von den Rollen schneiden (etwa 7 mm dick) und jede Scheibe von einer Seite in den restlichen Zucker drücken. Die Schweinsohren mit der gezuckerten Seite nach oben auf ein mit Wasser benetztes Blech setzen und bei Mittelhitze 15 bis 20 Minuten backen.

Prasselkuchen

Blätterteig nach Grundrezept (siehe Seite 15)
oder 1 Pck. Blätterteig (TK)
250 g Mehl ❖ 125 g Butter
125 g Zucker ❖ 1 Prise Salz
Für die Glasur:
150 g Puderzucker ❖ 2 EL Zitronensaft
1 EL Kokosfett

Tiefkühl-Blätterteig auftauen lassen, ungefähr 5 mm dick ausrollen, in 5 x 10 cm große Rechtecke schneiden und auf ein wasserbenetztes Blech setzen. Mit Wasser bestreichen. Aus Mehl, Butter, Zucker und Salz Streusel kneten, auf die Blätterteigstücke verteilen und diese bei Mittelhitze 25 Minuten backen. Für die Glasur den Puderzucker sieben, mit Zitronensaft verrühren und das zerlassene Kokosfett tropfenweise zugeben. Die noch warmen Gebäckstücke mit der Glasur überziehen.

Blätterteigplätzchen

Blätterteig nach Grundrezept (siehe Seite 15)
oder 1 Pck. Blätterteig (TK) ❖ Zucker

Tiefkühl-Blätterteig etwas auftauen lassen und mit einem Likörglas kleine Plätzchen ausstechen. Zucker auf ein Backblech streuen, die Plätzchen darauflegen und ausrollen, so dass sie etwa 5 mm dick sind. Diese Plätzchen mit der Zuckerseite nach oben auf ein mit kaltem Wasser benetztes Blech setzen und bei starker Hitze etwa 12 bis 15 Minuten backen.

Nusszungen

Blätterteig nach Grundrezept (siehe Seite 15)
oder 1 Pck. Blätterteig (TK)
75 g (Hagel-)Zucker ❖ 50 g gehackte Mandeln

Für die Creme:

¼ l Milch ❖ 50 g Zucker ❖ 1 Prise Salz
½ Pck. Puddingpulver ❖ 2 Eiweiß

Blätterteig auftauen und kleine runde Plätzchen ausstechen. Zucker und Mandeln vermischen, auf ein Backbrett streuen und die Hälfte der Plätzchen darauf oval ausrollen, sodass sie nur noch 5 mm dick sind. Die übrigen Plätzchen auf einem unbestreuten Brett ebenfalls 5 mm dick ausrollen. Die Zungen mit der gezuckerten Seite nach oben auf ein mit kaltem Wasser benetztes Blech setzen und bei Mittelhitze 12 Minuten backen. Inzwischen für die Creme Milch, Zucker und Salz aufkochen. Puddingpulver in etwas Wasser oder Milch einrühren, zur heißen Milch geben, aufkochen lassen, vom Herd nehmen und unter Rühren eindicken. Die Eiweiß zu steifem Schnee schlagen und unter die Masse heben. Creme auf die unbestreuten Zungen streichen, jeweils eine zweite Zunge mit der Zucker-Mandelkruste nach oben auf die Creme legen, leicht andrücken. Das Gebäck kühl stellen.

Blätterteigbrezeln

Für den Mürbeteig:

250 g Mehl ❖ 1 Ei ❖ 125 g Backmargarine
65 g Zucker ❖ 1 Prise Salz
½ TL abgeriebene Zitronenschale ❖ 2 EL Kakao

Außerdem:

Blätterteig nach Grundrezept (siehe Seite 15)
oder 1 Pck. Blätterteig (TK)
1 Ei ❖ 50 g gemahlene Mandeln
einige Tropfen Bittermandelaroma

Die Zutaten für den Mürbeteig schnell, aber sehr gründlich untereinanderkneten, den Teig 30 Minuten kalt stellen. Inzwischen den Blätterteig zu einer knapp 5 mm dicken Platte ausrollen, diese mit verquirltem Ei bestreichen und mit gemahlenen Mandeln bestreuen. Dann den Mürbeteig zu einer ebenso großen Platte ausrollen, über den Blätterteig legen. Teigplatte in gleichmäßige Streifen schneiden, diese zu Brezeln formen und auf einem mit Wasser benetzten Blech bei Mittelhitze ungefähr 30 Minuten backen.

Blätterteigtaschen

Blätterteig nach Grundrezept (siehe Seite 15)
oder 1 Pck. Blätterteig (TK)
200 g Quark ❖ 50 g Zucker ❖ 1 Ei
1 EL Stärkemehl ❖ 3 EL Sahne
1 TL abgeriebene Zitronenschale
1 Ei ❖ 1 EL Sahne

Aufgetauten Blätterteig etwa 5 mm dick ausrollen und in gleichmäßig große Quadrate schneiden. Quark, Zucker, Ei, Stärkemehl, Sahne und Zitronenschale gut verrühren, die Masse auf die Mitte jedes Teigstücks verteilen. Von diesen jeweils die vier Ecken nach oben klappen. Ei und Sahne verquirlen und die Taschen damit bestreichen. Auf ein mit kaltem Wasser besprengtes Blech setzen und bei Mittelhitze goldbraun backen.

Blätterteigtaschen können auch mit Konfitüre bzw. Marmelade oder mit pikant-würzig abgeschmecktem Hackfleisch oder würzigem Käse gefüllt werden.

Blätterteig mit Schokofüllung

Blätterteig nach Grundrezept (siehe Seite 15)
oder 1 Pck. Blätterteig (TK)
150 g Kokosfett ❖ 65 g Zucker
20 g Kakao ❖ 1 Ei ❖ 5 EL Marmelade

Blätterteig auftauen, ausrollen und in 10 x 15 cm große Rechtecke schneiden. Diese auf einem mit kaltem Wasser benetzten Blech bei Mittelhitze 15 Minuten backen. Inzwischen das Kokosfett auf kleiner Flamme zerlaufen lassen. Zucker, Kakao, Ei und die Hälfte der Marmelade verrühren. Das abgekühlte, flüssige Fett tropfenweise unterschlagen. Lukullusmasse auf die abgekühlten Blätterteigschnitten streichen. Wenn die Masse fest ist, je zwei Schnitten mit etwas Marmelade zusammensetzen.

Äpfel im Schlafrock

Blätterteig nach Grundrezept (siehe Seite 15)
oder 1 Pck. Blätterteig (TK)
8 kleine Äpfel ❖ 2 EL Konfitüre
50 g gemahlene Mandeln ❖ Puderzucker oder Zuckerglasur

Den Blätterteig etwa 5 mm dick ausrollen, in 8 Quadrate teilen, die so groß sind, dass je 1 Apfel darin eingeschlagen werden kann. Die Äpfel schälen, die Kerngehäuse ausstechen und in die Öffnungen die mit der Konfitüre vermischten gemahlenen Mandeln füllen. Auf die Teigstücke setzen und jeweils die Ecken über den Äpfeln zusammenschlagen. Aus den Teigresten Streifchen schneiden und diese kreuzweise über die Oberflächen legen. Auf ein mit kaltem Wasser benetztes Blech setzen und bei Mittelhitze etwa 20 Minuten backen. Noch warm mit Puderzucker bestreuen oder glasieren.

Pastetchen

Blätterteig nach Grundrezept (siehe Seite 15)
oder 1 Pck. Blätterteig (TK) ❖ 1 Eigelb

Den Blätterteig auftauen und mit einem Glas Böden von etwa Ø 5 cm ausstechen, diese auf ein mit Wasser benetztes Blech setzen. Den übrigen Teig wieder zusammenschlagen und erneut ausrollen. Die gleiche Anzahl Scheiben ausstechen und von diesen mit einem Likörglas (etwa Ø 2 cm) kleine Mittelscheiben ausstechen, sodass man Ringe erhält, die auf die Böden (vorher mit Eigelb bestreichen) gesetzt werden. Die kleinen Scheiben ergeben die Deckel und werden auch auf das Blech gesetzt. Ringe und Deckel mit Eigelb bestreichen und im vorgeheizten Ofen bei Mittelhitze etwa 20 Minuten backen. Die Pasteten nach Belieben süß (Füllungen siehe Seite 76 ff.) oder würzig (zum Beispiel mit Hühnerragout, einer pikanten, vorher gebratenen Hackfleischmasse oder einer herzhaften Quark- bzw. Frischkäsecreme) füllen.

Käseplätzchen

Blätterteig nach Grundrezept (siehe Seite 15)
oder 1 Pck. Blätterteig (TK)
250 g Hartkäse
1 TL Rosenpaprika
oder Cayennepfeffer

Aufgetauten Tiefkühlblätterteig zu einer etwa 5 mm dicken Platte ausrollen. Käse reiben und – je nach gewünschter Schärfe – mit Paprika oder Cayennepfeffer oder auch beidem würzen, auf die Teigplatte streuen. Blätterteig von der schmalen Seite her aufrollen und nochmals kühl stellen. Den Ofen vorheizen. Von der Blätterteigrolle mit einem sehr scharfen Messer etwa 1 cm dicke Scheiben abschneiden. Diese auf ein mit kaltem Wasser benetztes Blech setzen (auf ausreichend Abstand achten) und bei Mittelhitze etwa 20 Minuten backen. Noch warm mit Paprikapulver bestäuben.

Knusperstangen

Blätterteig nach Grundrezept (siehe Seite 15)
oder 1 Pck. Blätterteig (TK)
4 EL Milch
1 Ei ❖ ½ TL Paprika
1 EL grobes Salz
1 EL Kümmel

Aufgetauten Tiefkühlblätterteig zu einer etwa 3 bis 5 mm dicken Platte ausrollen. Milch und Ei verquirlen, mit Paprika würzen und die Teigplatte damit bestreichen. Den Blätterteig in 2 cm breite und 10 cm lange Streifen schneiden, mit Salz und Kümmel bestreuen. Nochmals kalt stellen. Streifen dann spiralenförmig aufdrehen und auf ein mit kaltem Wasser benetztes Blech legen. Bei Mittelhitze etwa 20 Minuten backen. Noch warm grobes Salz über die Stangen streuen.

BRANDTEIG

Hier brennt nichts an!

Zucker.
RONDO
KAFFEE
MUNDIG AUSGEGLICHEN

Windbeutel

Brandmasse nach Grundrezept (siehe Seite 16)
250 g Schlagsahne oder Quarkcreme (siehe Seite 76)
Puderzucker

Die Brandmasse in einen Spritzbeutel mit großer Tülle füllen und in nicht zu knappen Abständen Häufchen von etwa 4 cm Durchmesser auf ein leicht gefettetes, bemehltes Blech spritzen. Bei Mittelhitze etwa 20 bis 25 Minuten goldbraun backen, auf dem Blech erkalten lassen. Dann von jedem Windbeutel einen Deckel abschneiden, auf die unteren Teile Schlagsahne geben und die Deckel aufsetzen. Dick mit Puderzucker besieben. Windbeutel können auch mit anderen süßen oder herzhaften Füllungen für jeden Geschmack serviert werden. Ideen dazu ab Seite 76.

Johannisbeer-Windbeutelkranz

Brandmasse nach Grundrezept (siehe Seite 16)

Für die Füllung:

300 g rote Johannisbeeren
4 – 5 EL Zucker ❖ ½ l Schlagsahne
1 Pck. Vanillinzucker
Puderzucker zum Bestäuben

Die fertige Brandmasse in einen Spritzbeutel ohne Tülle füllen und auf ein mit Backpapier belegtes Blech einen Ring spritzen (Ø ca. 20 cm). Rundherum einen zweiten Teigrand spritzen. Darauf achten, dass beide Ringe genau aneinandersitzen. Im vorgeheizten Ofen bei ca. 200 °C etwa 35 Minuten backen. Den fertigen Ring sofort quer aufschneiden und auskühlen lassen. Inzwischen die Johannisbeeren waschen, abtrocknen und von den Rispen streifen, mit Zucker bestreuen. Schlagsahne steif schlagen, dabei den

Vanillinzucker einrieseln lassen. Die vorbereiteten Johannisbeeren vorsichtig unterheben. Den Windbeutelkranz damit füllen, obere Hälfte wieder aufsetzen. Vor dem Servieren dick mit Puderzucker bestäuben.

Schwäne

Brandteig nach Grundrezept (siehe Seite 16)
250 g Schlagsahne oder
Quarkcreme (siehe Seite 76) ❖ Puderzucker

Die Brandmasse in einen Spritzbeutel mit mittelgroßer Tülle füllen, auf ein gefettetes, mit Mehl bestäubtes Blech Hälse und ovale Teile spritzen. Bei guter Mittelhitze etwa 20 bis 25 Minuten backen.
Die ovalen Teile sofort quer durchschneiden und abkühlen lassen. Dann die unteren Teile mit Schlagsahne oder Quarkcreme (Quark mit etwas Fruchtsaft glattrühren, evtl. mit Zucker nachsüßen) füllen, die längs geteilten Oberteile und die Hälse aufsetzen, mit Puderzucker besieben.

Eclairs

Brandteig nach Grundrezept (siehe Seite 16)
Für die Glasur:
150 g Puderzucker ❖ Kakao

Die fertige Brandmasse in einen Spritzbeutel mit großer Tülle füllen, jeweils etwa 8 bis 10 cm lange Streifen auf ein gefettetes, bemehltes Blech spritzen. Bei guter Mittelhitze etwa 20 bis 25 Minuten goldgelb backen. Nach dem völligen Erkalten auf dem Blech die Eclairs längs aufschneiden, in die unteren Hälften Creme (siehe Seite 76 ff.) füllen, die oberen Hälften glasieren. Für die Glasur Puderzucker und Kakao sieben und so viel heißes Wasser zufügen, dass die Glasur aufgestrichen werden kann, aber nicht zu flüssig wird. Die glasierten Hälften wieder auf die Eclairs setzen.

Spritzringe

Brandmasse nach Grundrezept (siehe Seite 16)

Ausbackfett

Für die Glasur:

150 g Puderzucker ❖ 3 EL heiße Milch

Die Brandmasse in einen Spritzbeutel mit großer Tülle füllen und ringförmig auf ein Stück in heißes Fett getauchtes Pergamentpapier spritzen, darauf in das siedende Fett gleiten lassen und sofort den nächsten Ring aufspritzen. Die goldgelb gebackenen Ringe mit Zuckerglasur überziehen. Hierfür den gesiebten Puderzucker mit der Milch verrühren. Zusammen mit dem Rest der Eier kann 1 Prise Backpulver an den Brandteig gegeben werden, dadurch wird das Gebäck besonders locker.

Der Teig kann auch in Ring- oder Brezelform auf das Blech gespritzt und mit Vanille-, Butter- oder Weincreme gefüllt werden. Statt Schokoladenglasur können Zucker- oder Zitronenglasur verwendet werden. Als Füllung eignet sich zudem Obst (Weinbeeren, Erdbeeren, Kirschen, Apfelsinenscheiben usw.) mit etwas Sahne, Quark oder Joghurt.

Käsekugeln

Brandteig nach Grundrezept (siehe Seite 16)
50 g geriebener Käse
½ TL Paprika

Der Brandmasse geriebenen Käse und Paprikapulver zusetzen und mit zwei Teelöffeln kleine Häufchen auf ein gefettetes, bemehltes Blech setzen. Bei Mittelhitze in etwa 15 Minuten goldgelb backen.
Käsekugeln eignen sich zum Garnieren einer Salat- oder Käseplatte, aber auch als Suppeneinlage oder einfach nur so zum Knabbern. Nicht zu kleine Kugeln können auch aufgeschnitten und mit Frischkäse gefüllt werden.

Paprikastreifen

Brandteig nach Grundrezept (siehe Seite 16)
1 TL Paprika ❖ Ausbackfett

Bei der Bereitung der Brandmasse Mehl und Paprika zusammensieben. Die Masse aus dem Spritzbeutel mit großer Tülle etwa fingerlang in siedendes Fett spritzen und goldbraun backen. Eine schmackhafte Beilage zu Suppe oder Bier.

»Warum eigentlich werden die beliebten Windbeutel oder Eclairs nur so selten selbst hergestellt? Sie sind ein leichtes, bekömmliches Gebäck, und die schwer auf der Kalorienwaage liegende Schlagsahne oder Buttercreme kann auch durch eine leckere Quarkfülle ersetzt werden. Die Kaloriensubstanz ist es also gewiss nicht, die von der Herstellung eines Brandteiggebäcks abhält. Vielmehr, so scheint es, ist die Zubereitung dieses feinen Teiges selbst ausgesprochenen Backfans riskant.«
Sollte es aber nicht! Es ist viel leichter als man denkt – und zudem gibt es Brandteig inzwischen als Backmischung im Supermarkt, sozusagen mit „Gelinggarantie".

Füllungen

VANILLECREME

½ l Milch ❖ 125 g Zucker ❖ ½ Pck. Vanillinzucker
1 Pck. Vanillepuddingpulver ❖ 3 – 4 Eier ❖ 5 EL Sahne

Milch, Zucker, Vanillinzucker und Puddingpulver dick einkochen, vom Herd nehmen. Die Eier trennen, zuerst die verquirlten Eigelb und Sahne unterschlagen. Die Masse abkühlen lassen, dann das steif geschlagene Eiweiß unterziehen.

BUTTERCREME

½ l Milch
1 Pck. Schokoladenpuddingpulver
100 g Zucker ❖ 250 g Butter

Aus Milch, Puddingpulver und Zucker einen Pudding kochen. Während er kalt wird, öfter mit dem Schneebesen schlagen. Die Butter schaumig rühren, löffelweise unter ständigem Weiterschlagen dem Pudding zufügen.

QUARKCREME

2 – 3 Eier ❖ 100 g Butter ❖ 125 g Zucker
2 EL Rum oder Weinbrand ❖ 1 Pck. Vanillinzucker
Salz ❖ 375 g Quark ❖ 10 g Gelatine
⅛ l Wasser ❖ Zitronenschale

Eier trennen. Die Butter schaumig rühren, nach und nach die Eigelb, Zucker, Rum, Vanillinzucker und eine Prise Salz zugeben. Den Quark unterrühren, mit dem elektrischen Rührgerät zur einer cremigen Masse aufschlagen. Die Gelatine in wenig Wasser einweichen. Wasser mit der Zitronenschale zum Kochen bringen und die Gelatine im siedenden, aber nicht mehr kochenden Wasser auflösen, kurz vor dem Erstarren unter die Creme rühren (dabei die Zitronenschale wieder entfernen). Sofort die zu steifem Schnee geschlagenen Eiweiß unterheben. Sie können die Creme auch mit Joghurt bereiten, hierfür nur 250 g Magerjoghurt statt 375 g Quark verwenden.

QUARK-OBST-FÜLLUNG

250 g Quark ❖ 2 EL Milch ❖ 4 EL Zucker
250 g halbierte Erdbeeren oder entsteinte, halbierte Kirschen

Quark mit Milch und Zucker sahnig schlagen, zuletzt die Früchte unterheben.

KRÄUTERQUARK

250 g Quark ❖ ½ TL Salz ❖ 1 TL geriebene Zwiebel
1 Prise Knoblauchpulver oder 1 geriebene Knoblauchzehe
2 – 3 EL Milch ❖ 3 EL frische Kräuter
(z. B. Kerbel, Dill, Petersilie)

Den Quark mit den Gewürzen und der Milch sahnig schlagen. Die Kräuter waschen, trockenschütteln und fein hacken. Unter die Quarkmasse rühren.

KÄSECREME

2 Ecken Schmelzkäse oder 80 g geriebener Käse
125 g Butter oder Margarine
1 EL Tomatenmark ❖ Salz ❖ Paprika

Den Käse schaumig rühren, nach und nach die Margarine unterschlagen und die sahnige Masse mit den übrigen Zutaten kräftig abschmecken.

BACKIDEEN MIT KAFFEE

Ei! Wie schmeckt der Kaffee süße ...

Gold
Kaffee
125g=2,5
8,75 M
MOCCA-FIX
Gold

Kaffeekuchen

4 Eier ❖ 150 g Margarine
1 Prise Salz ❖ 250 g Zucker
1 Pck. Vanillinzucker
500 g Mehl ❖ 1 ½ Pck. Backpulver
4 TL Instant-Kaffee
125 g Sultaninen ❖ 75 g Orangeat
¼ l Milch ❖ Puderzucker

Die Eier trennen. Margarine mit den Eigelb, Salz, Zucker und Vanillinzucker schaumig rühren. Mehl und Backpulver sieben, den Kaffee zufügen. Die Sultaninen waschen, das Orangeat hacken. Unter die schaumig gerührte Eigelbmasse abwechselnd Mehl und Milch rühren. Orangeat und die Sultaninen unterziehen. Zum Schluss die zu steifem Eischnee geschlagenen Eiweiß unterheben. Die Masse in eine gefettete, bemehlte Form füllen und bei 200 °C etwa 60 Minuten backen. Den fertigen Kuchen mit Puderzucker besieben.

Mokka-Rührkuchen

4 Eier ❖ 150 g Margarine
125 g Zucker ❖ 1 Pck. Vanillinzucker
1 Prise Salz ❖ 3 TL Instant-Kaffee
1 Prise Zimt ❖ ½ TL Zitronensaft
abgeriebene Schale ½ Zitrone
300 g Mehl ❖ ½ Pck. Backpulver
3 EL Schokoraspel
Puderzucker oder Zuckerglasur

Die Eier trennen. Unter die schaumig gerührte Margarine abwechselnd Zucker, Vanillinzucker, Salz und Eigelb rühren. Alles schaumig schlagen, bis sich der Zucker gelöst hat. Kaffee, Gewürze sowie Zitronensaft und -schale zufügen. Gesiebtes Mehl und Backpulver unterziehen. Das steifgeschlagene Eiweiß zusammen mit der Schokolade unterheben. Die Masse in eine gefettete, mit Mehl ausgestreute Form füllen und bei Mittelhitze etwa 50 Minuten backen. Den Kuchen stürzen, abkühlen lassen und mit Puderzucker bestäuben oder mit Zuckerglasur überziehen.

Kokos-Kaffee-Kuchen

3 Eier ❖ 1 Prise Salz
1 ½ Tassen Zucker
½ Tasse abgekühlter Kaffee
2 EL zerlassene Butter
1 TL Zitronensaft
1 ½ Tassen Kokosraspel
1 fertiger Obsttortenboden

Eier trennen, die Eigelb unter Zugabe von Salz dickcremig rühren, nach und nach den Zucker unterschlagen. Kaffee, Butter, Zitronensaft ebenfalls gut unterrühren. Zuletzt die Kokosraspel und den steifen Eischnee zufügen. Diese Masse auf den fertigen Tortenboden streichen und den Kuchen einige Minuten bei 190°C überbacken.

Wiener Kaffeetorte

8 Eiweiß ❖ 280 g Zucker ❖ 1 – 2 Pck. Vanillinzucker
140 g Mehl ❖ 140 g gemahlene Haselnüsse
Zimt ❖ gezuckerter kalter Kaffee

Für die Füllung:

300 g Butter ❖ 50 g Kokosfett
300 g Zucker ❖ 100 g fein gemahlener Kaffee
50 g gemahlene Mandeln

Die Eiweiß zu steifem Schnee schlagen, nach und nach den Zucker zugeben. Mehl, Nüsse und Zimt vorsichtig unterheben. Von der Masse drei dünne Böden bei 200 °C backen (jeweils ca. 15 Minuten; am besten, man streicht die Böden nebeneinander auf ein mit Backpapier belegtes Blech und bäckt sie gleichzeitig). Nach dem Erkalten den Böden eine gleichmäßige Form geben und den kalten Kaffee darübertröpfeln.

Butter, flüssiges Kokosfett, Zucker, Kaffee und Mandeln mit dem Handrührgerät zu einer schaumigen Creme aufschlagen. Die einzelnen Böden damit bestreichen und übereinandersetzen. Etwas Kaffeecreme zum Bestreichen der Oberfläche und des Randes zurückbehalten. Die Torte nach Belieben mit Mokkabohnen garnieren.

Mokkarolle

Biskuitteig 2 nach Grundrezept (siehe Seite 14)

Für die Füllung:

1/8 l Kaffee ❖ 70 g Zucker ❖ 3/8 l Milch
1 EL Kakao ❖ 1 Pck. Schokoladenpuddingpulver
150 g Puderzucker ❖ 250 g Butter

Den Biskuitteig auf ein mit Backpapier belegtes Blech streichen und im vorgeheizten Ofen bei 200 °C etwa 10 Minuten goldgelb backen. Die gebackene Teigplatte auf ein mit Zucker bestreutes Geschirrtuch stürzen. Backpapier eventuell mit kaltem Wasser bestreichen und abziehen. Die Kuchenplatte mit Hilfe eines sauberen Geschirrtuches aufrollen. Wenn die Rolle ausgekühlt ist, vorsichtig wieder aufwickeln.

Für die Füllung Kaffee, Zucker und ein Viertel Liter Milch aufkochen. In der restlichen Milch Kakao und Puddingpulver anrühren, in die siedende Flüssigkeit geben, dabei den gesiebten Puderzucker zufügen, aufkochen. Den Pudding völlig erkalten lassen, dann löffelweise unter die schaumig geschlagene Butter rühren. Die Creme auf die Teigplatte streichen und diese erneut zusammenrollen. Die Biskuitrolle entweder mit Puderzucker bestäuben oder etwas Creme zum Bestreichen zurückbehalten.

Kaffeestreifen

30 g sehr fein gemahlener Kaffee
375 g Mehl ❖ 150 g Zucker ❖ 100 g Butter
2 Eier ❖ 2 Eigelb ❖ abgeriebene Schale 1 Zitrone
1 Pck. Vanillinzucker ❖ Salz ❖ ½ Pck. Backpulver

Den Kaffee unter das Mehl mischen. Nach und nach Zucker, die zerlassene Butter, Eier und Eigelb, Zitronenschale, Vanillinzucker und eine Prise Salz zugeben, zum Schluss das Backpulver unterrühren. Alle Zutaten zu einem glatten Teig verarbeiten. Ausrollen und in etwa 2 cm breite und 6 cm lange Streifen schneiden. Die Enden schräg schneiden. Im vorgeheizten Ofen bei 150 °C 15 Minuten backen. Die Kaffeestreifen können nach Belieben zum Teil mit Schokoladenglasur überzogen werden.

Kaffeemakronen

200 g gemahlene Mandeln ❖ 300 g Zucker
1 Pck. Vanillinzucker ❖ 4 – 5 Eiweiß
etwas abgeriebene Zitronenschale
1 TL Instant-Kaffee

Die feingemahlenen Mandeln mit Zucker, Vanillinzucker und steif geschlagenem Eiweiß verrühren, Zitronenschale zufügen. Den mit einigen Tropfen Wasser gelösten Kaffee unterrühren und die Masse auf kleiner Flamme leicht anrösten. Auf ein gefettetes, mit Mehl bestäubtes Blech kleine Häufchen setzen, etwas antrocknen lassen und bei 150 °C etwa 10 Minuten backen.

Mokkabaisers

30 g fein gemahlener Kaffee
6 Eiweiß ❖ 280 g Puderzucker

Den Kaffee mit ⅛ Liter Wasser aufkochen, 10 Minuten ziehen lassen und dann filtern. Eiweiß, Kaffee und Puderzucker über einem heißen Wasserbad schlagen, bis die Masse cremig ist. Vom Herd nehmen und weiterschlagen, bis sie abgekühlt ist. Wiederum über dem heißen Wasserbad schlagen, wegnehmen und weiterschlagen. Diesen Vorgang wiederholen, bis die Masse dick genug ist, um sich mit dem Spritzbeutel spritzen zu lassen.
Auf ein mit Backpapier belegtes Blech beliebige Formen spritzen. Im Ofen bei niedriger Temperatur mehr trocknen lassen als backen, dabei die Backofentür einen Spalt öffnen.

Mokkawaffeln

80 g Butter ❖ 100 g Zucker
2 Eier ❖ 70 g Speisestärke
70 g Mehl ❖ ½ TL Backpulver,
1 TL Kakao ❖ 2 TL Instant-Kaffee
2 cl Mokkalikör ❖ 2 cl Sahne
Puderzucker zum Bestäuben

Alle Zutaten in einer Schüssel gut verrühren, der Kaffee kann zuvor mit ganz wenig heißem Wasser aufgelöst werden. Den Teig 1 Stunde quellen lassen. Dann im gefetteten Waffeleisen Waffeln davon backen. Noch heiß mit Puderzucker besieben und sofort servieren.

UNWIDERSTEHLICHES ZUM TEE

Trink ein Teechen …

Orangenkuchen

200 g Margarine ❖ 180 g Zucker ❖ 3 Eier
300 g Mehl ❖ ½ Pck. Backpulver
Saft und abgeriebene Schale von 2 Orangen
2 EL Weinbrand

Für den Guss:

200 g Puderzucker ❖ 1 Eiweiß
etwas Orangensaft ❖ 2 EL Orangenschale

Margarine, Zucker und Eier schaumig rühren. Gesiebtes Mehl und Backpulver abwechselnd mit dem Orangensaft zugeben. Orangenschale und Weinbrand ebenfalls unterrühren. Den Teig in eine gefettete Kasten- oder Springform geben und bei 200 °C etwa 50 Minuten backen. Den Kuchen abkühlen lassen. Aus Puderzucker, Eiweiß und etwas Orangensaft eine Glasur rühren und den Kuchen damit überziehen. Bevor die Glasur erstarrt, die in feine Streifchen geschnittene Orangenschale darüberstreuen.

Zitronenkuchen

2 Tassen schwarzer Tee ❖ 100 g Sultaninen
180 g Margarine ❖ 200 g Zucker ❖ 2 Eier
250 g Mehl ❖ 250 g Stärkemehl ❖ 1 Pck. Backpulver
Saft und abgeriebene Schale 1 Zitrone ❖ Salz

Für den Guss:

250 g Puderzucker ❖ Saft von 3 Zitronen
1 Eiweiß ❖ 2 EL Zitronenschale

Den Tee mit den Sultaninen zum Kochen bringen und abkühlen lassen. Margarine mit Zucker und Eiern schaumig rühren. Mehl, Backpulver und Stärkemehl sieben. Nach und nach mit dem Tee und den Sultaninen sowie mit den übrigen Zutaten zur Eiermasse geben. Gut verrühren. Den Teig in eine große, gebutterte Kastenkuchenform oder in eine Springform füllen. Bei 200 °C etwa 1 Stunde backen. Puderzucker, Zitronensaft und Eiweiß verrühren, den abgekühlten Kuchen mit der Glasur überziehen. Von einer gründlich unter heißem Wasser abgebürsteten Zitrone die Schale in sehr feine Streifen schneiden und den Kuchen damit bestreuen.

Tempotorte

je 1 TL Speisestärke und Mehl ❖ knapp ½ l Milch
300 g Margarine ❖ 300 g Zucker ❖ 1 Ei
250 g gehackte Nüsse ❖ 300 g Kekse ❖ kandierte Früchte

Speisestärke und Mehl in etwas Milch anrühren, restliche Milch zum Kochen bringen, angerührtes Mehl einquirlen und gut durchkochen. Margarine, Zucker und Ei schaumig schlagen. Die abgekühlte Mehlmasse, 200 g Nüsse und die zerkrümelten Kekse zugeben. Eine Springform mit Backpapier auslegen, Masse darauf verteilen, glattstreichen und mehrere Stunden recht kalt stellen. Torte aus der Form nehmen, Papier abziehen, mit den restlichen Nüssen bestreuen und mit kandierten Früchten belegen.

Gefüllter Rollkuchen

Backpulver-Knetteig nach Grundrezept (siehe Seite 12)
1 Glas Konfitüre ❖ 1 Ei ❖ 2 EL Rum
75 g gehackte Mandeln ❖ einige Tropfen Bittermandelaroma
Für die Glasur:
150 g Staubzucker ❖ 2 EL Kakao ❖ 3 EL heißes Wasser
20 g Kokosfett ❖ Mandelstifte

Knetteig nach Grundrezept bereiten und mindestens 30 Minuten an einem kühlen Ort rasten lassen. Dann den Teig rechteckig ausrollen. Die Konfitüre mit Ei und Rum gründlich verrühren, auf den Teig streichen und die gehackten Mandeln darüberstreuen. Die Teigplatte zusammenrollen und auf einem gefetteten Blech bei Mittelhitze etwa 50 Minuten backen.
Für die Schokoladenglasur Zucker und Kakao vermischen, mit etwas Wasser anrühren und das zerlassene Kokosfett tröpfchenweise zugeben. Den ausgekühlten Kuchen mit der Glasur überziehen und mit Mandeln garnieren.

Biskuitrolle

3 Eier ❖ 2 EL Wasser ❖ 100 g Zucker
50 g Speisestärke ❖ 50 g Mehl
¼ Pck. Backpulver ❖ 400 g Marmelade
Puderzucker

Die Eier trennen. Eigelb, Wasser und Zucker mit dem Schneebesen (besser noch dem elektrischen Handrührgerät) zu einer cremigen Masse aufschlagen, nach und nach das mit dem Backpulver vermischte Mehl und die Speisestärke unterrühren. Wenn der Teig Blasen schlägt, die zu steifem Schnee geschlagenen Eiweiß vorsichtig unterheben.
Ein Kuchenblech mit Backpapier auslegen, den Teig gleichmäßig daraufstreichen. Im vorgeheizten Ofen bei starker Hitze etwa 10 Minuten backen. Die Biskuitplatte sofort

auf ein mit Zucker bestreutes Küchentuch stürzen. Das Backpapier abziehen, Kuchen mit der erhitzten Marmelade bestreichen, dann mit Hilfe eines sauberen Geschirrtuches zusammenrollen. Vor dem Servieren dick mit Puderzucker besieben und in Scheiben schneiden.

Zum Tee schmeckt eine herb-fruchtige Marmelade bzw. Konfitüre (zum Beispiel Orange, Stachelbeere oder auch Holundergelee) besonders gut.

Teekuchen

4 Eier ❖ 200 g Sultaninen ❖ 6 cl Rum ❖ 150 g Margarine
150 g Zucker ❖ je 1 Prise Salz, Zimt und Ingwer
je 50 g Zitronat und getrocknete Aprikosen
200 g Mehl ❖ 1 TL Backpulver ❖ 2 EL Milch

Die Eier trennen. Sultaninen mit 2 cl Rum übergießen und zur Seite stellen. Eigelb mit weicher Margarine, Zucker und Gewürzen weißschaumig schlagen, Sultaninen und gehackte Trockenfrüchte unter ständigem Rühren zugeben. Mehl und Backpulver darübersieben und mit der Milch unter die Masse arbeiten. Zuletzt die steif geschlagenen Eiweiß unterziehen. Eine Kastenform fetten, den Teig einfüllen und bei Mittelhitze etwa 50 Minuten backen. Den ausgekühlten Kuchen stürzen. Den restlichen Rum in die Kastenform gießen, Kuchen wieder hineinlegen und einen Tag ziehen lassen.

Englischer Teekuchen

4 – 5 Eier ❖ 250 g Butter oder Margarine
200 g Zucker ❖ 1 Pck. Vanillinzucker
375 g Mehl ❖ 1 TL Backpulver
200 g Sultaninen ❖ 100 g Zitronat
70 g Maraschinokirschen ❖ 50 g gehackte Mandeln
abgeriebene Zitronenschale
125 ml Sahne oder Kondensmilch ❖ Schokoladenglasur

Eier trennen. Die Eigelb mit Butter, Zucker und Vanillinzucker weißschaumig rühren. Das Eiweiß zu steifem Schnee schlagen. Mehl, Backpulver, eingeweichte Sultaninen, Zitronat, klein geschnittene Maraschinokirschen, Mandeln sowie etwas abgeriebene Zitronenschale vermischen. Beide Massen vorsichtig verrühren. Dabei so viel Sahne oder Kondensmilch zugeben, dass ein schwerreißender Teig entsteht. In eine gefettete Kastenform füllen und im vorgeheizten Ofen bei 200 °C etwa 1 Stunde backen. Nach Belieben mit Schokoladenglasur überziehen.

Teebrezeln

250 g Mehl ❖ 1 Ei ❖ 125 g Margarine
65 g Zucker ❖ 1 Prise Salz
1 Pck. Vanillinzucker oder ½ TL abgeriebene Zitronenschale
Eigelb und etwas Milch zum Bestreichen
gehackte Mandeln zum Bestreuen

Alle Teigzutaten rasch, aber sehr gründlich untereinanderkneten und den Teig mindestens 30 Minuten kalt gestellt rasten lassen. Dann den Mürbeteig ausrollen, in Streifen schneiden und diese zu Brezeln formen. Eigelb und Milch verquirlen, die Brezeln damit bestreichen und mit den gehackten Mandeln bestreuen. Bei Mittelhitze goldgelb backen.

Minitörtchen – Petit fours

Biskuitteig nach Grundrezept 1 (siehe Seite 13)

Für die Glasuren:

75 g Puderzucker ❖ 1 EL Zitronensaft ❖ ½ EL zerlassenes Kokosfett
75 g Puderzucker ❖ 1 EL Kakao ❖ 1 ½ - 2 EL heißes Wasser
75 g Puderzucker ❖ 1 - 1 ½ EL starker Kaffee

Einen Biskuitteig nach Grundrezept 1 (siehe Seite 13) bereiten. Aus Alufolie kleine Quadrate von ca. 10 x 10 cm schneiden. Über ein schmales Glas oder einen nicht zu dünnen Flaschenhals ziehen und in kleine Förmchen drücken. Wieder herunternehmen, die Ränder verschneiden und leicht fetten. In jedes etwas Teig geben und im vorgeheizten Ofen bei Mittelhitze etwa 10 bis 15 Minuten backen. Die Törtchen in den Förmchen abkühlen lassen.
Für die Zitronenglasur den gesiebten Puderzucker mit Zitronensaft und flüssigem, abgekühltem Kokosfett verrühren. Für die Schokoglasur Puderzucker mit Kakao sieben und nach und nach mit heißem Wasser verrühren. Für die Kaffeeglasur Puderzucker und Kaffee flott verrühren. Die Glasuren sollen dickflüssig sein. Die abgekühlten Törtchen abwechselnd damit glasieren und nach Wunsch dekorieren.

Londoner Teegebäck

65 g Butter ❖ 65 g Zucker ❖ 125 g Mehl
¼ Pck. Backpulver ❖ 1 Ei
25 g Rosinen ❖ 25 g Zitronat ❖ 25 g süße Mandeln

Butter und Zucker schaumig rühren. Mehl, Backpulver und Eigelb, dann Rosinen und das klein geschnittene Zitronat untermischen. Aus dem Teig kleine Kugeln formen, mit einer Mischung aus Eiweiß und geriebenen Mandeln panieren. Kugeln platt drücken, auf ein gefettetes Blech legen und bei Mittelhitze 10 bis 15 Minuten backen.

Scones

225 g Mehl ❖ 1 TL Backpulver ❖ ½ TL Salz
100 g Margarine ❖ 65 g Zucker ❖ 50 g Rosinen
1 EL Zitronat ❖ 1 Ei ❖ Milch ❖ 1 Eigelb

Mehl mit Backpulver und Salz sieben. Die weiche Margarine hineinpflücken und verkneten. Zucker, Rosinen, Zitronat, das geschlagene Ei und so viel Milch zufügen, dass ein weicher, geschmeidiger Teig entsteht. Fingerdick ausrollen und runde Plätzchen ausstechen. Mit Eigelb bepinseln und im heißen Ofen etwa 15 Minuten backen. Diese englischen Teebrötchen heiß mit Butter und Konfitüre servieren.

Englische Mürbeteig-Teebrötchen

200 g Mehl ❖ 1 TL Backpulver ❖ 1 EL Butter
saure Milch ❖ 1 Prise Salz
Butter zum Bestreichen

Aus den Zutaten einen Mürbeteig bereiten. So viel saure Milch verwenden, dass ein fester Teig entsteht. Den Teig 30 Minuten ruhen lassen, dann dick ausrollen und Dreiecke daraus schneiden. Auf leicht bemehltem Blech bei guter Mittelhitze etwa 12 Minuten backen. Warm mit Butter bestrichen servieren.

Wenn London für die meisten DDR-Bürger auch außer Reichweite lag – mit Selbstgebackenem konnte man ein wenig englische Noblesse ins WBS-70-Wohnzimmer zaubern.

Gebackene Bonbons

250 g Mehl ❖ 1 Ei ❖ 2 TL Öl ❖ 1 TL Zitronensaft
1 Prise Salz ❖ knapp 1/8 l Wasser
1 Pck. Marzipanrohmasse ❖ 1 Eigelb ❖ Zucker zum Bestreuen

Mehl, Ei, Öl, Salz und Wasser zu einem geschmeidigen Teig verkneten. Sollte er noch kleben, etwas Mehl zufügen. Abdecken und 30 Minuten ruhen lassen. Dann hauchdünn ausrollen und in Quadrate von 10 x 10 cm schneiden. Marzipanrohmasse mit dem Rumaroma verkneten, dann kleine Kugeln daraus formen. Auf jedes Teigquadrat eine Marzipankugel in die Mitte setzen und die Teigstücke zu Bonbons rollen. Auf ein gefettetes Backblech setzen, mit Eigelb bepinseln und mit Zucker bestreuen. Im vorgeheizten Ofen bei 200 °C etwa 20 Minuten backen.

INTERNATIONALE BACKREZEPTE

Andere Länder, andere Kuchen ...

Altmoskauer Schichttorte

Für die Teigplatten:

2 große Eier ❖ 75 g Zucker ❖ 60 g Mehl
15 g Stärkemehl ❖ 1 Fl. Rumaroma
500 g Tiefkühlblätterteig

Für die Füllungen:

70 g Wasser ❖ 70 g Zucker ❖ 1 TL Likör
200 g Erdbeermarmelade
70 g geriebene Nüsse ❖ ½ TL Zitronensaft
2 kleine Äpfel ❖ 1 EL Zucker ❖ 20 g Butter

Die Eier trennen, Eigelb und Zucker verrühren, bis sie weiß sind. Mit Mehl, Stärkemehl, Rumaroma und den steif geschlagenen Eiweiß zu einem Teig verarbeiten. Diesen in vier gleiche Teile schneiden und dünn ausrollen. Die runden Teigplatten einzeln auf einem gefetteten, bemehlten Blech hellgelb backen.
Den Blätterteig 5 mm dick zu einem runden Tortenboden ausrollen. Der Boden muss so groß sein, dass die Teigplatten und die Füllungen daraufgelegt werden können und genügend Rand bleibt, diesen über der gesamten Füllung hochzuschlagen und oben zu schließen.
Ehe die Torte gefüllt wird, die fertigen Teigplatten mit Sirup bestreichen. Dazu Zucker mit Wasser aufkochen, erkalten lassen und Likör einrühren. Die Hälfte der Marmelade mit den geriebenen Nüssen, die andere Hälfte mit dem Zitronensaft mischen. Für die Apfelfüllung die Äpfel schälen, das Kerngehäuse ausstechen, in dünne Scheiben schneiden, zuckern und leicht in Butter dünsten.
Auf den ausgerollten Blätterteig eine Teigplatte legen, Apfelfüllung darauf verteilen. Zweite Teigplatte auflegen und mit der Marmelade-Nuss-Mischung bestreichen. Die dritte Teigplatte mit der Marmelade-Zitronensaft-Mischung bestreichen und mit der letzten Teigplatte abdecken.
Den Blätterteigrand hochschlagen und oben in Fältchen andrücken. Die Torte mit dem gefalteten Rand nach unten in eine ausgefettete runde Form geben, mit verquirltem Ei bestreichen und bei starker Hitze etwa 15 Minuten goldbraun backen.
Nach Belieben mit Zitronenglasur verzieren.

Russische Paska

je ½ halbe Tasse Rosinen und Mandeln
500 g Weißkäse ❖ 100 g Butter ❖ ⅛ l Sahne
1 EL Zucker ❖ 1 EL Vanillinzucker ❖ 2 Eigelb

Rosinen waschen, in kaltem Wasser aufweichen, abtropfen lassen. Mandeln überbrühen, abziehen und hacken. Den sehr trockenen Weißkäse mit Butter, Sahne, Zucker und den Eigelb sahnig schlagen, Rosinen und Mandeln unterziehen, die Masse in eine Kastenform, die vorher kalt ausgespült wird, streichen. Einige Stunden kalt stellen. Dann vorsichtig stürzen, die Paska mit Mandeln und Marmelade verzieren und mit einem jeweils in heißes Wasser getauchten Messer in Scheiben schneiden.

Polnische Mohnpielen

500 g blauer Mohn ❖ Milch ❖ Zucker
100 g Sultaninen ❖ 4 EL gehackte Nüsse
1 EL Zitronatwürfel ❖ 4 EL Rum ❖ 4 Brötchen

Den gemahlenen Mohn mit so viel gesüßter, kochender Milch überbrühen, dass ein geschmeidiger Teig entsteht. Die anderen Zutaten, außer den Brötchen, unterrühren. Den Boden einer großen Glasschüssel mit dünnen Brötchenscheiben belegen, die vorher kurz durch gesüßte Milch gezogen wurden. Darauf eine dicke Mohnschicht und abwechselnd wieder Semmelscheiben und Mohn geben, bis dieser aufgebraucht ist. Die Speise einige Stunden kalt stellen und vor dem Auftragen mit Mandel oder Keksen und Schlagsahne verzieren.

Bulgarische Baniza

Für den Teig:

250 g Mehl ❖ 1 EL Butter

1 Prise Salz ❖ ½ TL Essig

Für die Füllung:

50 g Butter ❖ 2 Eier

2 EL Honig ❖ 3 – 4 EL Zucker ❖ Salz

abgeriebene Schale ½ Zitrone

400 g Quark ❖ 125 g Butter

Aus den Teigzutaten einen Strudelteig herstellen. Dazu Mehl auf ein Brett sieben, mit zerlassener Butter, Salz, Essig und 3 bis 4 Esslöffeln warmem Wasser zu einem geschmeidigen festen Teig verarbeiten. Nicht kneten, sondern den Teig in beide Hände nehmen und immerfort aufs Brett schlagen, bis er sich ohne zu kleben löst und Blasen schlägt. Eine trockene Stelle des Kuchenbrettes mit Mehl bestäuben, den Teig darauflegen, mit lauwarmem Wasser bestreichen und mit einer erwärmten Schüssel bedeckt 30 Minuten ruhen lassen. Dann den Teig in 9 Kugeln teilen, diese zu sehr dünnen runden Teigblättern ausrollen, einzeln auf dem Küchentisch, der mit einem sauberen bemehlten Tuch bedeckt wird, ausbreiten und trocknen lassen.
Inzwischen für die Füllung die Butter schaumig rühren, Eier, erwärmten Honig, Zucker und eine Prise Salz, die abgeriebene Zitronenschale und den durch ein Sieb gestrichenen Quark unterrühren und alles sahnig schlagen. Die trockenen Teigblätter einzeln mit zerlassener Butter bestreichen und zusammenlegen, sodass aus den Blättern Halbkreise entstehen, die mit der Fülle bestrichen werden. Die einzelnen Halbkreise zusammenrollen, dabei jeweils das Tuch anheben, damit die Teigblätter nicht kleben bleiben oder zerreißen. Die fertigen Teigrollen kreisförmig in eine gut

gefettete Springform legen, mit Butter bestreichen und 40 bis 50 Minuten bei Mittelhitze backen. Von der fertigen, noch heißen Baniza den Springformrand lösen, den Kuchen mit etwas Wasser besprengen und bis zum völligen Erkalten mit einem Leinentuch bedecken, damit er weich wird.

Ungarische Palatschinkentorte

250 g Mehl ❖ ½ l Milch ❖ 3 Eier
2 EL Zucker ❖ 1 Prise Salz ❖ Margarine

Für die Füllung:

4 Eier ❖ 500 g Weißkäse ❖ 4 EL Zucker
125 g Rosinen ❖ Aprikosenmarmelade ❖ 4 Eiweiß
1 EL Kakao ❖ 1 Pck. Vanillinzucker

Mehl, Milch, Eier, Zucker und Salz zu einem glatten Teig verrühren. Die Margarine in einer großen flachen Pfanne zerlassen und dünne, hellgelbe Eierkuchen backen.
Für die Füllung die Eier trennen. Den Weißkäse (Quark) mit Eigelb, Zucker und Rosinen verrühren. Zuletzt die zu steifem Schnee geschlagenen Eiweiß unterheben. Eine Tortenform fetten. Die Eierkuchen auf einer Seite mit Marmelade bestreichen und abwechselnd mit der Füllung in die Form schichten (mit Eierkuchen beginnen und enden). Die Torte im vorgeheizten Ofen etwa 20 bis 25 Minuten backen.
Inzwischen die Eiweiß steif schlagen (eine Prise Salz zugeben). Den Eischnee auf die Torte streichen und nochmals 5 Minuten bei starker Hitze überbacken. Die fertige Torte mit Vanillinzucker und Kakao bestreuen.

Werguni

250 g Mehl ❖ 50 g Butter ❖ 1 Msp. Natron
1 Ei ❖ ⅛ l saure Sahne ❖ 50 ml Wodka
1 EL Essig ❖ 1 Prise Salz
Öl zum Ausbacken
Puder- und 1 Pck. Vanillinzucker zum Bestreuen

Das Mehl auf ein Backbrett sieben und mit Margarine und Natron zu einem streuselähnlichen Teig verarbeiten. In die Masse eine Vertiefung drücken, Ei, Sahne, Wodka, Essig und Salz hineingeben und alles zügig zu einem Teig kneten. Diesen dünn ausrollen und in 15 x 3 cm lange Streifen schneiden. In die Mitte jedes Streifens einen Schlitz (ca. 3 cm lang) ritzen und eines der Enden hindurchziehen.
Die Werguni sofort in heißem Öl ausbacken. Auf saugfähigem Papier abtropfen lassen und mit Puder- und Vanillinzucker bestreuen.

Östlicher Kuchen

175 g gehackte Nüsse oder Kokosraspel
50 g Zitronat ❖ 100 g Rosinen ❖ 250 g Mehl
1 TL Backpulver ❖ 150 g Butterschmalz
abgeriebene Zitronen- oder Apfelsinenschale
1 Pck. Vanillinzucker ❖ 5 -6 Eiweiß ❖ Salz ❖ 200 g Zucker
4 cl Maraschinolikör ❖ kandierte Früchte

Nüsse, Zitronat, Rosinen, Mehl und Backpulver vermischen. Weiches Butterschmalz unterarbeiten, mit Zitronen- oder Apfelsinenschale und Vanillinzucker würzen. Das leicht gesalzene Eiweiß zu steifem Schnee schlagen, erst dann den Zucker zugeben und unterziehen. Den Teig in eine gut gefettete, ausgestäubte Form füllen und im vorgeheizten Ofen bei Mittelhitze etwa 40 Minuten backen. Den gestürzten Kuchen mit Likör beträufeln und mit kandierten Früchten belegen.

Österreichischer Gugelhupf

20 g Hefe ❖ 1/8 l Milch ❖ 160 g Butter
75 g Zucker ❖ 1/2 Pck. Vanillinzucker
1 EL Rum ❖ abgeriebene Schale 1/2 Zitrone
4 Eigelb ❖ 300 g Mehl ❖ 5 EL Rosinen ❖ Semmelbrösel

Die Hefe in lauwarmer Milch verrühren, die Butter darin zerlaufen lassen. Zucker, Vanillinzucker, Rum, die abgeriebene Zitronenschale und Eigelb unterrühren. Das gesiebte Mehl zufügen und den Teig kräftig schlagen. Wenn er sich von der Schüssel löst und Blasen wirft, die gewaschenen, abgetrockneten und in Mehl gewälzten Rosinen zugeben. Den fertigen Teig ein bis zwei Tage kühl stellen. Dann in eine gefettete, mit Semmelbröseln ausgestreute Form füllen und bei Mittelhitze etwa 60 Minuten backen. Wenn der Kuchen abgekühlt, aber noch warm ist, vorsichtig stürzen und zugedeckt erkalten lassen.

Schweizer Schokoladenkuchen

150 g Halbbitter-Schokolade ❖ 5 EL Milch
100 g Instant-Kakaopulver (Trinkschokolade)
150 g Butter ❖ 200 g Zucker ❖ 6 Eier ❖ 1 ½ TL Backpulver
Für die Glasur:
200 g Puderzucker ❖ 2 – 3 EL Eierlikör

Die zerkleinerte Schokolade in die warme Milch geben und bei geringer Hitze unter ständigem Rühren schmelzen lassen. Instant-Kakaopulver unterrühren. Butter mit dem Zucker schaumig schlagen. Verquirlte Eier, Mehl, Backpulver und Schokoladenmasse verrühren und mit dem Butter-Zucker-Gemisch vermengen. Den Teig in eine gefettete Springform füllen und im vorgeheizten Ofen auf der unteren Schiene bei 160 °C etwa 90 Minuten backen. Den Kuchen im Ofen abkühlen lassen, anschließend aus der Form nehmen und mit der Glasur überziehen. Dafür den gesiebten Puderzucker mit Eierlikör und etwas kochendem Wasser zu einer glatten Masse rühren, auf den Kuchen streichen. Der Kuchen kann zusätzlich mit steif geschlagener Sahne gefüllt werden.

Französische Savarins mit Früchten

375 g Mehl ❖ 25 g Hefe ❖ ⅛ l lauwarme Milch
150 g Butter ❖ 4 Eier ❖ 80 g Zucker
abgeriebene Schale 1 Zitrone
½ Fl. Bittermandelaroma
Für die Flüssigkeit:
50 g Zucker ❖ Zimtstange (ca. 4 cm)
1 Nelke ❖ 8 EL Rum ❖ 10 EL Wasser
Früchte zum Garnieren

In die Mitte des gesiebten Mehls eine Vertiefung drücken, darin Hefe und Milch verrühren, warm stellen und gehen lassen. Butter glatt rühren, Eier, Zucker, abgeriebene

Zitronenschale und einige Tropfen Bittermandelaroma unterrühren, alles mit dem Vorteig zu einem geschmeidigen Teig verarbeiten und noch einmal gehen lassen. Kleine gefettete Kuchenförmchen zu drei Viertel mit Teig füllen, 30 Minuten gehen lassen, dann goldgelb backen. Die noch warmen Kuchen mit der heißen Rumflüssigkeit tränken, dann die Formen umstülpen und die Kuchen mit Obst garnieren. Eine Fruchtsoße oder Schlagsahne dazu reichen.

Ein Hauch „Internationalität" war nicht nur in den ostdeutschen Küchen, sondern auch in den „Backstuben" Pflicht. Zeitgemäß probierte man gern alles aus, was sich verführerisch fremdländisch gab. Und dabei ging der Blick nicht immer nur nach Osten.

Französische Torte

125 g Butter ❖ 2 Eier ❖ 4 Eigelb
1 kg Zucker ❖ 500 g Mehl
Schalen von 5 Orangen und 1 Zitrone
100 g Mandeln ❖ ½ TL Zimt
¼ TL gemahlene oder gestoßene Nelken

Butter, Eier, Eigelb und 200 g Zucker schaumig rühren, langsam das Mehl zugeben und alles zu einem Teig verarbeiten, der dann dick ausgerollt wird. In kleine Würfel schneiden und auf einem gut gefetteten Backblech goldgelb backen. Inzwischen die restlichen 800 g Zucker mit ein wenig Wasser aufkochen lassen und abschäumen. Die Orangen- und Zitronenschalen in kleine Würfelchen schneiden und mit den gestiftelten Mandeln, dem Zimt und den gestoßenen Nelken unter die Zuckermasse rühren; diese mit den gebackenen Teigwürfeln vermischen. Die Tortenmasse in eine gut gefettete Springform pressen und erkalten lassen, dann auf einen Tortenteller stürzen. Nach Belieben garnieren.

Schwedischer Apfelkuchen

600 g Äpfel ❖ 80 g Butter
½ Tasse Zucker ❖ 2 Eier
125 g gemahlene Mandeln ❖ 1 EL Mehl
Saft und abgeriebene Schale ½ Zitrone
Vanillesoße (FP)

Die Äpfel schälen, das Kerngehäuse ausstechen, blättrig schneiden. Eine halbe Tasse Wasser mit 1 Esslöffel Zucker aufkochen, die Apfelscheiben darin einige Minuten dünsten. Die Butter und den restlichen Zucker schaumig rühren. Eier trennen. Eigelb, Mandeln, Mehl, Zitronenschale und -saft unterrühren, zuletzt das steif geschlagene Eiweiß unterheben. Eine gefettete Form mit Apfelscheiben auslegen, die Teigmasse darübergießen und bei schwacher Hitze etwa 50 Minuten backen. Lauwarm in der Form servieren. Vanillesoße dazu reichen.

Holländische Moppen

2 Eier ❖ 250 g Zucker ❖ 250 g Mehl
1 Messerspitze gestoßene Nelken
Milch ❖ 8 g Pottasche
50 g Mandeln oder Nüsse

Die Eier mit dem Zucker schaumig rühren, Mehl, Nelken und die in etwas Milch aufgelöste Pottasche dazugeben, alles zu einem gut gebundenen Teig verarbeiten. Mit zwei kleinen Löffeln eidottergroße Klümpchen formen, in die eine Mandel oder Nuss gedrückt wird. Die Moppen auf einem gut gefetteten Backblech bei Mittelhitze hellbraun backen. Sie können, wenn sie noch heiß sind, mit einem Zuckerguss überzogen werden.

Muffins

15 g Hefe ❖ 1 TL Zucker
lauwarme Milch ❖ 500 g Mehl
1 Prise Salz

Hefe, Zucker und wenig lauwarme Milch verrühren. Das Mehl mit dem Salz in eine Schüssel sieben und in die Mitte eine Vertiefung drücken. Die Hefemilch hineingeben, mit etwas Mehl bestreuen und zugedeckt 30 Minuten gehen lassen. Dann alles zu einem glatten Teig verkneten. Nochmals etwa 3 Stunden an einem warmen Ort gehen lassen. Den Teig wieder zusammenstoßen und Kugeln daraus formen. Wiederum gehen lassen, bis sie den doppelten Umfang erreicht haben. Im Ofen bei Mittelhitze zweimal 10 Minuten backen. Nach den ersten 10 Minuten das Gebäck umdrehen. Aufgeschnitten und noch heiß, mit Butter bestrichen, servieren.

Mit unserem Verständnis von Muffins bzw. Cupcakes hat dieses Rezept wenig gemein; wir denken zuerst immer an die amerikanischen Küchlein. Im *Vereinigten Königreich* sind „muffins" allerdings seit jeher ein flaches Hefegebäck, das wie Toast gegessen wird.

PLÄTZCHEN, WAFFELN, KEKSE & CO.

Klein, aber fein!

KONSUM NAHRUNGSMITTELWERK COTTBUS
SPORT UND REISE
Gute Reise
BUTTERKEKS
Wurzener

Vanilleplätzchen

250 g Margarine ❖ 225 g Zucker
1 Pck. Vanillinzucker ❖ 300 g Mehl
1 Msp. Backpulver ❖ 1 Prise Salz

Die Margarine zerlassen, mit Zucker und Vanillinzucker verrühren und das mit Backpulver gesiebte Mehl und Salz gründlich unterarbeiten. Mit einem Löffel kleine Teighäufchen abstechen und auf einem gut gefetteten Blech bei mäßiger Hitze etwa 15 Minuten backen.

Rosinenhäufchen

125 g Butter ❖ 125 g Zucker ❖ 2 Eier
150 g Mehl ❖ 2 EL Rum
100 g Rosinen ❖ ½ TL Backpulver

Die Butter mit dem Zucker schaumig rühren, die Eier zufügen, weiterrühren, später die übrigen Zutaten in den Teig mischen. Mit einem Teelöffel kleine Häufchen auf ein gefettetes Backblech setzen, bei starker Hitze 5 bis 8 Minuten backen.

Haferflockenplätzchen

80 g Margarine ❖ 50 g Zucker
1 Pck. Vanillinzucker ❖ 1 Prise Salz ❖ 1 großes Ei
65 g gemahlene Nüsse oder Kokosraspeln
200 g gehackte Haferflocken
75 g Mehl ❖ ½ Pck. Backpulver

Die Margarine schaumig schlagen, nach und nach die übrigen Zutaten untermischen, bis ein glatter Teig entsteht. Diesen ausrollen, mit einem kleinen Glas Plätzchen ausstechen und auf einem gefetteten Blech bei Mittelhitze goldgelb backen. Je zwei Plätzchen mit Marmelade oder Lukullusmasse (siehe Seite 120) zusammensetzen.

Mürbeteigröllchen

300 g Mehl ❖ 200 g Margarine
100 g Zucker ❖ 1 Prise Salz
1 TL abgeriebene Zitronenschale
100 g gehackte Nüsse oder Mandeln
100 g Rosinen
4 EL Rum ❖ 4 EL Honig
1 Ei ❖ 2 EL Milch

Das Mehl mit Margarine, Zucker, Salz und Zitronenschale schnell zu einem Mürbeteig verkneten, diesen für 2 bis 3 Stunden kalt stellen. Inzwischen die Nüsse mit Rosinen, Rum und Honig gut vermischen. Den Teig etwa 4 mm dick ausrollen und in etwa 4 x 10 cm große Rechtecke schneiden.
Das Ei mit der Milch verquirlen. Die Teigstücke damit bestreichen und die Nussmasse darauf verteilen. Die Teigstücke zusammenrollen, auf ein gefettetes Blech legen, mit der restlichen Eiermilch bestreichen und bei Mittelhitze goldgelb backen.
Mit Puderzucker besieben oder glasieren.

Schokoladenrolle

60 g Butter ❖ 50 g Kakao
60 g gemahlene Mandeln
60 g gehackte Nüsse
1 Ei ❖ 150 g Puderzucker
Puderzucker zum Bestreuen

In einer Kasserolle die Butter schmelzen, den Kakao und die Mandeln bzw. Nüsse unter ständigem Rühren untermischen und alles aufkochen lassen. Vom Herd ziehen und Ei sowie Puderzucker sehr schnell unterrühren. Dann die Masse auf ein mit Puderzucker bestreutes Brett oder Blech gießen (sie soll eine gleichmäßig dicke, rechteckige Platte ergeben). Diese 1 bis 2 Stunden ruhen lassen und dann von den Längsseiten her aufrollen. Die Rolle in Puderzucker wälzen und vor dem Servieren in Scheiben schneiden. (Das Messer vorher in heißes Wasser tauchen.)

Sandplätzchen

Sandmasse nach Grundrezept 2 (siehe Seite 17)
Konfitüre, Marmelade oder Gelee

Sandteig nach Grundrezept 2 zubereiten und gleichgroße Plätzchen auf ein gefettetes und bemehltes Blech spritzen. Jeweils mit etwas Konfitüre (alternativ Marmelade, Gelee) betupfen. Bei Mittelhitze goldgelb backen.

Helsinki-Plätzchen

250 g Margarine ❖ 225 g Zucker
1 Pck. Vanillinzucker ❖ 300 g Mehl
1 Msp. Backpulver ❖ 1 Prise Salz

Die Margarine zerlassen, mit dem Zucker und Vanillinzucker vermischen, das mit dem Backpulver gesiebte Mehl und Salz unterarbeiten. Mit einem Löffel kleine Teighäufchen abstechen und auf einem gut gefetteten Blech etwa 15 Minuten bei mäßiger Hitze backen.

Sandstreifen

Sandmasse nach Grundrezept 1 (siehe Seite 16)
250 g Puderzucker ❖ 5 – 6 EL Ananassaft ❖ Ananasstückchen

Sandteig nach Grundrezept 1 zubereiten und auf einem gefetteten, mit Mehl bestäubten Blech breitstreichen. Bei Mittelhitze ca. 20 Minuten goldgelb backen. Nach dem völligen Erkalten in gleichmäßige Streifen schneiden und mit dem gesiebten und mit Ananassaft verrührten Puderzucker glacieren, mit Ananasstückchen garnieren.

Leckerli

200 g Semmelbrösel ❖ 150 g Butter ❖ 100 g Zucker
50 g gemahlene Nüsse oder Mandeln
1 leicht gehäufter EL Mehl
1 gestrichener EL abgeriebene Zitronenschale
1 Prise Salz ❖ 1 EL Zitronensaft
1 Ei ❖ 1 EL Milch ❖ Zucker zum Bestreuen

Alle Zutaten (außer Ei, Milch und Streuzucker) schnell verkneten, den Teig 2 bis 3 Stunden kühl stellen, dann nicht zu dünn ausrollen. Ei und Milch verquirlen, die Teigplatte damit bestreichen, groben Zucker darüberstreuen und den Teig in Rechtecke schneiden. Auf einem gut gefetteten Blech bei Mittelhitze goldgelb backen.

Gewürzsplitterchen

250 g Mehl ❖ 65 g Backmargarine
knapp ⅛ l Wasser ❖ 1 Prise Salz ❖ 2 EL Zucker
1 TL abgeriebene Zitronenschale
¼ TL gemahlene Nelken

Das gesiebte Mehl mit der zerlassenen, abgekühlten Margarine und den übrigen Zutaten gründlich verarbeiten. Den Teig sehr dünn auf einem gefetteten Blech ausrollen, mit einem in Mehl getauchten Teigrädchen in Stücke teilen und bei Mittelhitze goldgelb backen. Die Teigplatte zerfällt während des Backens in Stücke.

» Dass die Deutschen jene leckeren Plätzchen, Kekse und süßen Mini-Verführer, die es meist in der Weihnachtszeit gibt, als Kleingebäck bezeichnen, liegt sicherlich nur an ihrer Größe. Denn wenn es ans Plätzchen-Backen geht, kommt man so schnell nicht aus der Küche. Mit dem Teig allein ist es nicht getan. Da will ausgestochen und verziert werden ... «

Bienenstichlinge

350 g Mandelstifte oder -blättchen ❖ 6 Eiweiß
350 g Zucker ❖ ½ TL Zimt
1 Pck. Vanillinzucker
oder 1 TL abgeriebene Zitronenschale
Bittermandelaroma

1 Esslöffel Zucker erhitzen, braun werden lassen, die Mandeln darin rösten. Die Eiweiß steif schlagen, Zucker, Zimt, Vanillinzucker und einige Tropfen Bittermandelaroma sowie die gerösteten Mandeln unterheben. Ein Backblech mit Folie auslegen, mit einem Löffel kleine Teighäufchen daraufsetzen. Bei Mittelhitze 30 bis 35 Minuten backen.

Korinthenküsschen

125 g Butter ❖ 125 g Zucker ❖ 2 Eier ❖ 150 g Mehl
2 EL Rum ❖ 100 g Korinthen ❖ ½ TL Backpulver

Die Butter mit dem Zucker schaumig rühren, die Eier zufügen, weiterrühren, später die übrigen Zutaten in den Teig mischen. Mit einem Teelöffel kleine Häufchen auf ein gefettetes Backblech setzen, bei starker Hitze 5 bis 8 Minuten backen.

Schneebälle

125 g Butter ❖ 500 g Mehl
1 Pck. Backpulver
4 EL Zucker ❖ 6 Eier
Fett zum Ausbacken

500 ml Wasser mit der Butter zum Kochen bringen. Das mit dem Backpulver vermischte Mehl und den Zucker zugeben und alles unter ständigem Rühren bei kleiner Flamme so lange weiterkochen lassen, bis die Masse nicht mehr am Topf klebt. Die Eier über dem gekühlten Teig aufschlagen, ordentlich vermengen, sodass die Mischung gleichmäßig und locker wird.
Mit zwei Löffeln Bälle etwa von der Größe eines Eis formen, diese in siedendem Fett hellbraun backen. Dann mit einem Schaumlöffel herausnehmen, abtropfen lassen und, solange sie noch heiß sind, mit Zucker und Zimt bestreuen.

Wachsstöckchen

100 g Butter ❖ 100 g Zucker
2 Eier ❖ 4 EL Milch
500 g Mehl ❖ 1 Pck. Backpulver
Fett zum Ausbacken

Die Butter mit Zucker und Eiern schaumig schlagen, die Milch, das mit Backpulver vermischte, gesiebte Mehl zugeben und alles zu einem Teig verkneten. Auf einem bemehlten Brett ausrollen und in etwa 2 cm breite, 10 cm lange Streifen schneiden. Jeden Streifen zu einem lockeren Knoten schlingen.
In dem siedenden Fett schwimmend, goldgelb ausbacken. Auf einem Sieb abtropfen lassen und mit etwas Zucker bestreuen.

Waffeln

250 g Margarine ❖ 350 g Zucker
5 – 6 Eier ❖ 1 Pck. Vanillinzucker ❖ Salz
500 g Kartoffelmehl
(keine andere Speisestärke verwenden)

Zur schaumig geschlagenen Margarine nach und nach die anderen Zutaten rühren. Den Teig etwa 15 Minuten ruhen lassen. Danach im heißen, gut gefetteten Waffeleisen portionsweise ausbacken.

Unverhoffter Besuch und nichts im Haus, aber ein Waffeleisen im Schrank? Glück gehabt. Mit Eiern, Mehl, Milch und Zucker und selbstverständlich Butter oder Margarine zaubern Sie in Windeseile eine süße Überraschung. Seien Sie dabei nicht zaghaft und verfeinern Sie den Teig mit all dem, was Ihnen gerade in die Hände fällt: Orangen- oder Zitronensaft, Limonade oder tiefgefrorene Beeren, Schokostücke ...

Quarkwaffeln

3 Eier ❖ 75 g Backmargarine
75 g Zucker ❖ 150 g Mehl
1 Dose Kaffeesahne
½ TL abgeriebene Zitronenschale
150 g trockener Quark ❖ 1 Prise Salz

Eier trennen. Die Eigelb mit Margarine und Zucker schaumig schlagen, das gesiebte Mehl, die Kaffeesahne, Zitronenschale und den Quark unter die Masse rühren, zuletzt die leicht gesalzenen, steif geschlagenen Eiweiß vorsichtig unterheben. Den Teig portionsweise im elektrischen Waffeleisen 2 bis 3 Minuten ausbacken. Darauf achten, dass der Waffelteig stets gleichmäßig aufgetragen und nach jeder gebackenen Waffel das Eisen erneut leicht mit Öl bepinselt wird. Die fertigen Waffeln auf einem Gitter oder Rost auskühlen lassen (Waffeln niemals aufeinanderschichten, solange sie noch warm sind).

Gefüllte Waffeln

125 g Margarine ❖ 30 g Zucker
1 Pck. Vanillinzucker ❖ 1 Prise Salz
2 EL Rum ❖ 3 Eier ❖ 250 g Mehl
1 gestrichener TL Backpulver ❖ ¼ l Milch
Für die Füllung:
1 Glas Erdbeerkonfitüre

Die Zutaten gründlich zu einem Teig verrühren, einige Minuten stehen lassen, dann die Waffeln backen (vergleiche „Quarkwaffeln").
Nach dem Erkalten die Hälfte der Waffeln mit Konfitüre bestreichen, jede bestrichene Waffel mit einer zweiten Waffel abdecken, leicht andrücken. Nach Belieben mit Puderzucker bestreuen oder mit Glasur überziehen.

Zimtwaffeln

2 Eier ❖ 150 g Zucker
150 g weiche Butter ❖ 250 g Mehl
1 TL Zimtpulver ❖ 1/8 l Milch ❖ 1 Prise Salz

Die Eier mit dem Zucker weißschaumig schlagen, dann die weiche Butter unterrühren (Sie können die Butter auch schmelzen und abgekühlt, aber noch flüssig zum Eischaum geben). Das Mehl darübersieben, Zimt und Salz zugeben und alles mit der Milch unter die Eimasse ziehen.
Waffeleisen erhitzen und mit einem Löffel den Teig ins Eisen geben, glattstreichen. Form schließen und den Teig 2 bis 3 Minuten backen. Die Waffeln sollen hellbraun und knusprig sein. Die fertigen Waffeln auf einem Kuchengitter abkühlen lassen, nicht übereinanderlegen. Mit Zimtzucker bestreut servieren.
Besonders knusprig werden die Waffeln, wenn Sie statt Milch Mineralwasser mit Kohlensäure verwenden.

Mandelkekse

125 g Butter ❖ 125 g Zucker
1 TL Weinbrand ❖ 50 g gemahlene Mandeln
170 g Mehl ❖ 1/4 TL Backpulver
Mandelstifte zum Verzieren

Die Butter mit dem Zucker schaumig rühren, den Weinbrand und die gemahlenen Mandeln zufügen, zuletzt das gesiebte Mehl und das Backpulver unterarbeiten.
Von dem Teig Kügelchen formen, diese platt drücken und auf ein gefettetes bzw. mit Backpapier belegtes Blech setzen. Dabei ausreichend Platz zwischen den Kügelchen lassen, da der Teig breitläuft.
Die Kekse mit Mandelsplittern garnieren und etwa 18 bis 20 Minuten bei Mittelhitze im vorgeheizten Ofen backen.

Lukullusschnitten

300 g Kokosfett ❖ 150 g Puderzucker
2 große Eier ❖ 45 g Kakao ❖ 1 TL Kaffeepulver
1 EL Rum ❖ 2 Pck. Butterkekse
Rumfrüchte, Haselnüsse oder Mandelstifte zum Garnieren

Das Kokosfett auf sehr kleiner Flamme schmelzen, inzwischen Puderzucker, Eier, Kakao, Kaffeepulver und Rum gut verrühren. Das sich abkühlende Fett ganz langsam, fast tropfenweise unter die Masse rühren. Eine kleine Kastenform mit Pergamentpapier auslegen, abwechselnd eine Schicht Lukullusmasse und eine Schicht Kekse einfüllen. Die oberste Schicht Kekse dann mit der Masse gleichmäßig bestreichen und nach Belieben die noch weiche Oberfläche mit Rumfrüchten, Haselnüssen oder Mandelstiften garnieren. Die Form einige Stunden in den Kühlschrank stellen. Den Kuchen vor dem Servieren aus der Form nehmen und in dicke Scheiben schneiden.

Schmalzkekse

175 g Butterschmalz ❖ 175 g Zucker
1 Prise Salz ❖ 1 Pck. Vanillinzucker
1 TL abgeriebene Zitronenschale
1 Ei ❖ 375 g Weizenschrot ❖ 3 EL saure Sahne
Für die Glasur:
150 g Puderzucker ❖ 2 EL Zitronensaft ❖ 1 EL Kokosfett

Butterschmalz mit Zucker, Salz, Vanillinzucker und der Zitronenschale schaumig rühren. Nach und nach Ei, Weizenschrot und Sahne unterrühren. Den Teig 1 Stunde kalt stellen, dann ca. 4 mm dick ausrollen. Mit einem Glas Plätzchen ausstechen und diese auf einem mit Backpapier belegten Blech bei Mittelhitze goldbraun backen. Etwas abkühlen lassen und glasieren. Für die Glasur Puderzucker und Zitronensaft verrühren, dabei geschmolzenes, aber abgekühltes Kokosfett zugeben.

Vanillekekse

5 Eier ❖ 350 g Zucker
2 Pck. Vanillinzucker
400 g Weizengrieß

Die Eier mit Zucker und Vanillinzucker schaumig rühren. Grieß zufügen und alles zu einem glatten Teig verarbeiten. Diesen 2 bis 3 Stunden ruhen lassen. Dann auf ein gut gefettetes Blech kleine Teighäufchen setzen und bei schwacher Hitze hellgelb backen.

Mandelsplitter

150 g Puderzucker ❖ 25 g Kakao,
20 g Kokosfett ❖ 2 – 3 EL Rum
125 g abgezogene Mandeln

Puderzucker mit Kakao, wenig heißem Wasser und zerlassenem Kokosfett nicht zu flüssig anrühren. Den Rum zugeben und verrühren. Die Mandeln in Stifte schneiden und ebenfalls zufügen. Mit zwei Teelöffeln kleine Häufchen auf gefettetes Butterbrotpapier setzen und trocknen lassen. Im Kühlschrank aufbewahren.

Rosinenkonfekt

125 g Rosinen ❖ 6 EL Rum ❖ 100 g Schokolade
10 g Kokosfett ❖ 16 Mandeln

Die gewaschenen Rosinen in Rum einweichen, erhitzen, abkühlen und mehrere Stunden durchziehen lassen. Die Schokolade mit dem Kokosfett bei schwacher Hitze schmelzen und die abgetropften Rosinen hineingeben. Auf leicht geöltes Butterbrotpapier kleine Häufchen setzen, mit den längs halbierten Mandeln garnieren und kühl stellen.

Kokoskugeln

100 g Butter ❖ 175 g Zucker ❖ 50 g gehackte Haselnüsse
40 g Kakao ❖ 1 EL Rum ❖ 150 g Kokosraspel

Butter mit Zucker schaumig schlagen. Nüsse, Kakao, Rum und 50 g Kokosraspel nach und nach unterrühren. Aus der Masse Kugeln formen und diese in den restlichen Kokosrapeln wälzen. Kühl aufbewahren.

Nusspralinen

40 g Walnüsse ❖ 200 g Halbbitter-Schokolade
etwas Nusslikör ❖ Öl ❖ einige Walnusshälften

Die klein gehackten Walnüsse mit der im Wasserbad geschmolzenen Schokolade vermischen. Mit Nusslikör aromatisieren. Alufolie mit Öl bestreichen. Mit einem Teelöffel von der Masse kleine Häufchen abstechen, auf die Folie setzen. Mit Walnusshälften garnieren. Die Pralinen im Kühlschrank fest werden lassen und aufbewahren.

Mokkapralinen

250 g Kakao ❖ 500 g Puderzucker
3 EL starker Kaffee ❖ 3 EL Kirschwasser
250 g weiches Kokosfett

Alle Zutaten vermischen und im Wasserbad 10 Minuten gut durchrühren. Die Masse abkühlen, zu Kugeln formen und in Alufolie verpackt noch 4 bis 5 Tage im Kühlschrank ruhen lassen.

Schokoladentrüffel

180 g Kakao ❖ 375 g Puderzucker ❖ 110 g Butter
2 – 3 EL Sahne ❖ 2 EL Orangenlikör ❖ Kakao zum Wälzen

Kakao und gesiebten Puderzucker vermischen. Die weiche Butter unterarbeiten. Sahne und Orangenlikör zufügen, alles zu einer geschmeidigen Masse verrühren. Im Kühlschrank fest werden lassen. Kugeln daraus formen, diese in Kakao wälzen.

Mokkatrüffel

150 g Puderzucker ❖ 2 TL Instant-Kaffee
1 Eigelb ❖ 1 Pck. Vanillinzucker
1 EL Rum ❖ 300 g Kakao ❖ 4 EL Sahne
200 g Schokoladenstreusel

Alle Zutaten außer den Schokoladenstreuseln vermischen und kneten. Mit der Sahne kann die Flüssigkeitsmenge noch verändert werden. Aus der Masse Kugeln formen, in Schokoladenstreuseln wälzen und kühl aufbewahren.

Woran man denken sollte …

TIPPS & ERKLÄRUNGEN

Seit der Entstehungszeit der Rezepte sind vierzig und mehr Jahre vergangen. Vieles hat sich geändert: unsere Essgewohnheiten, das Angebot an Backzutaten und Backmischungen, die technischen Geräte, die uns zur Verfügung stehen – wer hätte zu Beginn der 1970er Jahre schon an Umluftherde, Induktionskochfelder, Silikon- oder beschichtete Backformen gedacht … Für uns sind diese Dinge heute selbstverständlich, ebenso wie die Bequemlichkeit, den Teig nicht mit der Hand rühren und Mandeln nicht erst abziehen zu müssen. Wenden Sie unsere *historischen Rezepte* also mit *zeitgemäßer Kreativität* an, bedienen Sie sich in den Backregalen der Supermärkte und entscheiden Sie, was wirklich noch *handmade* sein muss.

PRODUKTE

Blockschokolade	Gibt es noch heute; es empfiehlt sich aber, sie durch eine Schokolade mit hohem Kakaoanteil (mind. 70%) oder für Glasuren durch Kuvertüre zu ersetzen.
Eier	Verwenden Sie prinzipiell nur sehr frische, einwandfreie Eier; beim Backen sollten Sie sich immer für die Größe M entscheiden; wenn im Rezept große Eier angegeben sind, entspricht das L bzw. XL; in einigen Rezepten wird rohes Eiweiß verwendet (Glasuren, Füllungen) – in den meisten Fällen können Sie ohne Probleme darauf verzichten.
Kaffeesahne	Verwenden Sie besser Schlagsahne, Milch oder Joghurt.
Konservenobst	Ersetzen Sie es (wo immer es geht) durch frisches Obst oder ein Tiefkühlprodukt.
Margarine	Gemeint ist immer eine Backmargarine, z. B. Sanella. Übrigens: die DDR-typischen Sahna- und Marina-Würfel gibt es wieder. Problemlos können Sie die Margarine in allen Rezepten durch Butter ersetzen.
Weißkäse	Verwenden Sie Quark oder Frischkäse, auch Ricotta und Mascarpone kommen infrage.

Kuchen fertig?

Machen Sie die Stäbchenprobe! Klebt der Teig an einem Holzstäbchen, dann muss er noch im Ofen bleiben.

BACKTEMPERATUREN

Unsere modernen Öfen backen selbst bei niedrigeren Temperaturen durchaus schneller als die alten Herde bei „normalen".

Niedrige (milde) Temperatur

175 - 200 °C (Ober- und Unterhitze)
150 - 160 °C (Umluft)
Gas: Stufe 2

(Gute) Mittelhitze

200 - 220 °C (Ober- und Unterhitze)
160 - 180 °C (Umluft)
Gas: Stufe 3

Starke Hitze

225 - 230 °C (Ober- und Unterhitze)
180 - 200 °C (Umluft)
Gas: Stufe 4

TIPPS

Verwenden Sie Backpapier, statt die Bleche bzw. Formen zu fetten und mit Mehl bzw. Semmelbrösel auszustäuben.

Wenn Sie Blätterteig mit Eigelb bestreichen, müssen die Ränder frei bleiben, sonst verkleben die Teigschichten.

Brandteig bei starker Hitze backen (200 bis 220°C) und nicht während der ersten 20 Minuten die Tür des Backofens öffnen, das Gebäck fällt sonst zusammen.

Orangen, auch Zitronen oder Limetten, deren Schale zum Backen verwendet werden soll, unbedingt heiß abwaschen und gut abreiben, auch wenn Sie Biofrüchte verwenden. Der Einfachheit halber können Sie auch Backaromen oder ein Fertigprodukt aus dem Backregal nehmen.

Nüsse und Mandeln gibt es heute fertig gemahlen, als Stifte oder Scheibchen. Rosinen, Sultaninen, Korinthen können Sie problemlos gegeneinander austauschen.

Rezeptverzeichnis